Darius Reinehr

Von der Wiedergeburt

DR-Edition

Titelbild: Pythagoras
Rheinischer Merkur Nr. 11, Bonn, 15. März 1996
Beilage zum 50jährigen Jubiläum:
Wurzeln – Die Grundlagen der europäischen
Kultur und Zivilisation in der Welt der Antike

2. Auflage 2015

© DR-Edition, Wiesbaden 2010
Herstellung und Verlag:
BoD – Books on Demand, Norderstedt
www.dr-edition.de

ISBN 9 783739 207421

Es gibt klare Dinge, die man
weder beweisen kann noch muß.

August Strindberg

Inhaltsverzeichnis

Teil II – Eigene Gedanken

Vorwort

Die Frage, was den Menschen nach dem Tode erwartet, hat sich vermutlich jeder schon einmal gestellt. Viele glauben daran, was die Religionen, denen sie angehören, als Antworten vorgeben. Die Vorstellung, daß der Mensch sich nach seinem Tod vor einer höheren Instanz für die Art und Weise, wie er sein Leben geführt hat, verantworten muß und demgemäß belohnt oder bestraft wird, besteht in vielen Religionen. Die Unterschiede in den verschiedenen Glaubensrichtungen, wie sich das im Näheren vorzustellen ist, sind jedoch groß. Die beiden grundlegenden Glaubensvorstellungen sind die vom einmaligen Leben des Menschen mit anschließender Einkehr in Himmel oder Hölle und die von der Wiedergeburtenfolge, welche die Seele erst bei Erlangung der Vollkommenheit beenden kann und so ewige Glückseligkeit erreicht. Aber auch die außerhalb jeder Religion stehende Vorstellung vom Molekülehaufen Mensch, der sich nach seinem Ableben in Nichts auflöst, einschließlich der Seele, die nur als zufällige biologische Reaktion eingestuft wird, hat viele Anhänger.

Nun ist es von großer Bedeutung für die Zufriedenheit im Leben, welche Glaubensvorstellung ein Mensch hat. Muß er bei jedem Fehltritt Angst vor einem strafenden Gott haben? Werden seine Sünden vergeben, nur weil er regelmäßig ein sogenanntes Gotteshaus besucht? Sind seine Bemühungen um Entwicklung vergebens, weil die Moleküle, aus denen er zusammengesetzt ist, letztendlich zu bestehen aufhören? Oder darf er, nach einem sich um das Gute bemühten, aber nicht gänzlich erfolgreichen Leben, auf eine neue Chance, sich weiterzuentwickeln, hoffen?

Da keines der verschiedenen Glaubensmodelle eindeutig wissenschaftlich beweisbar ist, sollte man sich sinnvollerweise das Beste und Heilvollste in seiner Vorstellung aneignen. Auch derjenige, der nichts glaubt, hat einen Glauben, denn er kann nicht wissen, daß nichts wahr ist, sondern muß es glauben. Da man also mehrere Möglichkeiten hat zu glauben, sollte man wohl die beste vorziehen.

Wenn von Wiedergeburt die Rede ist, denken viele an Gebetsmühlen drehende Buddhisten und sich im Ganges waschende Hindus. Daß aber der Wiedergeburtsglauben nicht nur in fernöstlichen Religionen Grundlage ist, sondern unabhängig von diesen auch Wurzeln im Abendland der Antike hat, ist weitestgehend unbekannt. Pythagoras, bekannt als einer der vortrefflichsten Mathematiker der Antike, hat an die Wiedergeburt geglaubt und ein Erklärungsmodell entworfen, welches später Sokrates und Platon auf logisch-analytische Weise weitergeführt haben. Und noch weiteres kaum bekanntes Wissen zu diesem faszinierenden Thema stelle ich in diesem Buch vor, das ich geschrieben habe, um die Menschen, die es lesen, zur Weiterentwicklung der Seele zu inspirieren.

Lateinisch: Reinkarnation = Wiedergeburt
– wörtlich übersetzt: Wiederfleischwerdung

Griechisch: Metempsychosis = Seelenwanderung
– wörtlich übersetzt: Nach-, Zwischenbelebtheit

Teil I

Lehren und Mythen

1. Kapitel

Die griechische Religion der Antike

Der Bezug zwischen Menschen und Göttern war bestimmend für den Glauben der alten Griechen.

Auf dem Olymp wohnten die zwölf Hauptgötter: Zeus und Hera, Poseidon und Demeter, Apollon und Artemis, Hephaistos und Aphrodite, Hermes und Athene, Ares und Hestia. Diesen folgten weitere Götter wie Asklepios, Dionysos und Pluton und eine Vielzahl rangniederer Gottheiten. Die olympischen Götter waren die Nachfahren der Titanen, die vorher die Welt beherrschten und bis auf einige, die der neuen Göttergeneration wohlgesonnen waren, wegen ihrer Schlechtigkeit von Zeus und seinen Gefährten gestürzt und in den Tartaros verbannt wurden.

Die Götter konnten die Geschicke der Menschen lenken. Diese waren bemüht, die Götter durch Rituale, Opferzeremonien und Festlichkeiten wohlgesonnen zu stimmen. Vor allem aber gefiel den Göttern ein tugendhaft geführtes Leben. Eine Vorbildfunktion für die Menschen hatten Halbgötter wie Herakles und Perseus, die ihre Tugendhaftigkeit in schweren Prüfungen unter Beweis stellen mußten. Viele Mythen, die sich um die Götter und Halbgötter und auch einige Menschen rankten, hatten den Zweck, die Menschen zu inspirieren, ein gutes und sittsames Leben zu führen. Von diesen Bemühungen hing es nach allgemeiner Vorstellung ab, welchen Verlauf das Leben eines

Menschen nahm und welches Los ihm im Jenseits zuteil wurde.

Jedoch gab es in der griechischen Religion keine einheitliche Vorstellung vom Leben im Jenseits. Während in der homerischen Vorstellung den Menschen, egal wie er sein Leben geführt hat, nach dem Tode ein ödes Schattendasein im Hades erwartete, gaben die Mysterien den Eingeweihten Hoffnung auf eine ausgleichende Gerechtigkeit im Jenseits. Die wichtigsten waren die Eleusinischen und die Orphischen Mysterien. Im Eleusinischen Mysterienkult wurde ein religiös-sittlich-reines Leben in Verbindung mit bestimmten Riten und Weihen als Bedingung gestellt, um der ewigen Seligkeit im Jenseits teilhaftig zu werden. Ähnlich im Orphischen Mysterienkult mußte sich der Eingeweihte durch ein sittlich-reines Leben von seiner zum Teil bösen Natur befreien. Davon hing es ab, was ihn im Jenseits erwartete: Seligkeit oder Verdammnis.

Das endgültige Los des Menschen aber war nach einmaligem Erdendasein noch nicht entschieden. Die Orphiker glaubten an die Seelenwanderung und gaben den Menschen, die eingeweiht waren, die Hoffnung, nach einem verfehlten Leben neu anzufangen und sich sittlich weiterzuentwickeln.

2. Kapitel

Orphik

Eine Vorstellung von der Existenz der Seele im Jenseits innerhalb des orphischen Mysterienkultes bieten die sogenannten `Goldplättchen´ – goldene Täfelchen mit eingravierten Sprüchen und Anleitungen zum richtigen Verhalten der Eingeweihten im Jenseits, die den Verstorbenen in die Gräber beigegeben wurden. Die Goldplättchen stammen aus dem griechischen Kulturraum des 5. und 4. vorchristlichen Jahrhunderts und sind nach Alter und Herkunft klassifiziert. Der Sinngehalt ihrer Texte ist teilweise rätselhaft und wurde schon von mehreren Gelehrten auf dem Gebiet der griechischen Antike interpretiert.

Den Texten aller Goldplättchen ist die Thematik einer Wanderung der verstorbenen Seele durch die Unterwelt gemeinsam. Die Seele gelangt nach dem irdischen Ableben in den Hades. Um sich dort zurechtzufinden, benötigt sie Wissen über die Geographie der Unterwelt, die anzusprechenden Gottheiten sowie weitere zuständige Wesen und die einzuhaltenden Regeln.

Nachdem sie den gefährlichsten Teil des Weges überstanden hat, gelangt die Seele zu zwei Quellen zu ihrer Rechten. Die erste Quelle entspringt dem See des Vergessens, die zweite dem der Erinnerung. Die eingeweihte Seele weiß, daß sie, um eine neue irdische Existenz auszuschließen, von der Quelle der Erinnerung trinken muß.

Die Seelen der Uneingeweihten dagegen würden unbedacht von der ersten Quelle, der Lethequelle, trinken. Vor der Quelle der Mnemosyne sind zwei Wächter postiert, denen sich die eingeweihte Seele mit folgender Formel vorstellen soll:

„Der Erde Kind bin ich und des gestirnten Himmels."

Damit erklärt die Seele, daß ihre Natur teils menschlicher und teils göttlicher Art ist. Anschließend soll sie die Wächter um einen kühlen Trunk bitten, der ihr gewährt wird. Daraufhin setzt die Seele ihren Weg fort, als dessen Ziel die Gefilde der Seligen verheißen sind.

Auf weiteren Goldplättchen ist beschrieben, wie die Seele am Ende ihres Weges durch die Unterwelt vor Persephone, die Göttin der Unterwelt, tritt und sich mit folgenden Sätzen vorstellen soll:

„Ich komme von den Reinen, ein Reiner, du Königin derer drunten, und ihr, Eukles und Eubuleus und ihr anderen unsterblichen Götter. Und auch ich kann mich rühmen, zu eurem seligen Geschlecht zu gehören.
Doch hat mich die Moira unterjocht, und vom Blitz ward ich getroffen. Dem Kreislauf schwerer Trauer und Schmerzen entflog ich; zum ersehnten Kranz eilte ich mit schnellem Fuße; in den Schoß der Herrin, der chthonischen Königin, habe ich mich geworfen."

„Buße habe ich gezahlt für ungerechte Werke."

Die Zusprache Persephones lautet:

„Glücklich und gesegnet bist du, du wirst Gott sein statt Sterblicher."

Darauf folgt die Bitte des Mysten:

„Jetzt aber komme ich als Bittsteller zur heiligen Persephone, daß freundlich sie mich sende zum Sitz der Reinen."

Mit der Gewährung durch die Göttin schließt der Dialog:

„Freue dich, freue dich! Geh den Weg zur Rechten zu den heiligen Auen und Hainen Persephones."

Bedeutsam ist, daß die Begegnung und der Dialog mit der Göttin den Mysten noch zu Lebzeiten beim Initiationsritus kundgetan wurde. Nach dem Tode schließlich sollten die Goldplättchen die Verstorbenen daran erinnern. Gewissermaßen handelt es sich bei dem geschilderten Ablauf um das Einlösen eines Versprechens.

Ein weiteres Goldplättchen nimmt mit der Anrede an die Seele des Verstorbenen Bezug auf den Abschluß der Wiedergeburtenfolge. Der letztmalige Tod wird gleichzeitig als Geburt bezeichnet – als Beginn einer neuen, höheren Existenz:

„Jetzt bist du gestorben und jetzt bist du geboren worden, dreimal Seliger, an diesem Tag."

Anmerkung

Die orphische Vorstellungswelt ist begründet durch den Mythos um Orpheus, den übernatürlichen Sänger aus Thrakien, der nach dem Tod der ihm frisch angetrauten Eurydike in die Unterwelt zog, um sie zurückzuholen.

3. Kapitel

Pythagoras

Pythagoras (ca. 570-480 v. Chr.) wuchs auf Samos, einer griechischen Insel in der östlichen Ägäis, in wohlhabenden bürgerlichen Verhältnissen auf. Von seinen Jugendjahren an reiste er zu Studienzwecken in mehrere Länder, darunter Ägypten, Phönizien, Israel und dem antiken Historiker Iamblich zufolge auch keltische Gebiete. Er studierte Naturwissenschaften, lernte die lokalen Bräuche kennen und ließ sich in Mysterienkulte einweihen.

Nach seiner Rückkehr auf Samos führte er seine Forschungen auf den Gebieten der Astronomie, Arithmetik, Geometrie und Musik weiter. Er nahm die Kugelgestalt der Erde als wahr an und erklärte die Beziehungen der Gestirne zueinander. Er stellte eine philosophische Zahlenlehre auf. Er gilt als Erfinder des Monochords. Er gilt als Urheber wichtiger Bezeichnungen wie Philosophie und Kosmos. Er soll mit der Arztkunst vertraut gewesen sein und als Heiler gewirkt haben. Wahrsagekräfte wurden ihm zugeschrieben. Es wurden viele wundersame Geschichten über ihn erzählt. Seine Anhängerschaft maß ihm einen Status zwischen Mensch und Gott bei.

Um ca. 530 v. Chr. verlegte er seinen Wohnsitz nach Unteritalien. In der Stadt Kroton nahm Pythagoras rasch den Senat für seine Sache ein. Er wurde damit betraut, für die ethische Erziehung der Bevölkerung zu sorgen und hielt ermahnende und ermunternde Reden. Durch sein pädagogisches und rhetorisches Geschick übte er einen solch erfolgreichen Einfluß auf die krotoniatische Bevölkerung aus, daß die Kunde davon in ganz Unteritalien und Sizilien verbreitet wurde und Pythagoras seinen Wirkungskreis auf einen großen Teil des Landes ausdehnen konnte. Auch Gesetzgeber und Herrscher ließen sich von ihm unterrichten.

Pythagoras unterrichtete allerdings nicht nur öffentlich. Es hatte sich eine große Anhängerschaft aus Frauen und Männern um ihn gebildet – die sogenannten Pythagoreer. In einer, die Öffentlichkeit ausschließenden, akademischen Einrichtung, in der er und seine Freunde auch lebten, unterrichtete und vervollkommnete er seine Philosophie und mehrere Wissenschaften.

Zu Pythagoras´ Wiedergeburtslehre überlieferte der altgriechische Historiker Porphyrios folgendes:

Doch am meisten bekannt bei allen wurde erstens, daß er sagt, die Seele sei unsterblich, zweitens, daß sie sich in andere Arten von Lebewesen verwandle, außerdem, daß in bestimmten Umläufen das Gewordene wieder werde, nichts einfach neu sei, und daß man alles, was beseelt ist, für verwandt halten müsse. (Vita Pythagorae 19)

Pythagoras lehrte die ständige Wiederkehr aller Dinge in bestimmten Perioden als kosmisches Prinzip. Seine Auffassung, die menschliche Seele könne bei ihren Wiedergeburten auch in Tiere eingehen, ist der Grund für den Verzicht auf Fleischkonsum. Es bestehe nämlich die Gefahr, beim Verzehr von Tieren unwissentlich wiedergeborene Verwandte zu verspeisen.

Der römische Dichter Ovid schreibt in seinen `Metamorphosen´ Pythagoras folgende Aussagen zu:

„Hütet euch, Sterbliche, mit frevlerischem Mahl eure Leiber zu besudeln!" (15,75f.)

„Weh, welch ein Verbrechen ist es, im Eingeweide Eingeweide einzulagern und mit angehäuftem Leib den gierigen Leib zu mästen und als Beseelter vom Tod eines anderen Beseelten zu leben!" (15,88-90)

„Lassen wir Leiber, welche die Seelen der Eltern oder Geschwister oder von solchen, die uns durch andere Bande verbunden sind, oder jedenfalls von Menschen enthalten könnten, in Sicherheit und in Ehren sein, und füllen wir nicht mit thyestischer Tafel die Eingeweide an!" (15,459-462)

Nur schädliche Tiere dürften getötet werden, jedoch ohne daß sie verzehrt würden. (15,477f.)

Ähnlich heißt es in der Überlieferung von Porphyrios:

Er riet aber auch folgendes: kultivierte und fruchttragende Pflanzen, aber auch Lebewesen, die von Natur aus dem Menschengeschlecht nicht schaden, weder vernichten noch schädigen! (VPyth. 39)

Laut Porphyrios kannte Pythagoras seine früheren Inkarnationen. So soll er gesagt haben:

„Zuerst war ich Euphorbos, beim zweiten Mal Aithalides, beim dritten Hermotimos, beim vierten Pyrrhos, jetzt aber Pythagoras." (VPyth. 45)

Pythagoras wurde die Fähigkeit zugeschrieben, frühere Existenzen auch von anderen Menschen zu erkennen. So soll er den Krotoniaten Myllias an sein früheres Leben als Phrygerkönig Midas erinnert haben.

Dem Erinnerungsvermögen maß Pythagoras eine auch für das Jenseits große Bedeutung bei. So dienten Meditation und morgendliche wie abendliche Selbstreflektionen der Pythagoreer nicht nur der charakterlichen Vervollkommnung, sondern auch der Übung des Erinnerungsvermögens. Dieses nämlich wäre wichtig für die Seele in der Unterwelt, damit sie sich an die Ratschläge des Pythagoras, für die Übersiedelung von hier, erinnere, um für die Wiedergeburt ein gutes Lebenslos zu wählen.

Pythagoras war der Meinung, daß die Menschen zur Bestrafung auf der Welt seien und stellte einen Zusammenhang zwischen diesseitigem Verhalten und dem Glück im Jenseits her. Dieses sei durch die Reinheit in der Lebensführung zu erreichen. Der sizilische pythagoreische Universalgelehrte Empedokles (ca. 494-434 v. Chr.) sagte in diesem Zusammenhang, daß diejenigen Seelen, welche die höchste Reinkarnationsstufe erfolgreich durchlaufen hätten, ein von jedem menschlichen Leid freies Leben als Tischgefährten der Unsterblichen führen würden.

Pythagoras war in seiner Seelenlehre durch Orpheus, den mythischen Sänger aus Thrakien, inspiriert. Dieser galt als ein Begründer der Mysterienkulte in Griechenland. Laut Platon versprachen die orphischen Mysterienpriester denjenigen, die sich von ihnen einweihen ließen, daß der Vollzug der Initiationsriten, der mit Opfern und lustvollen Ergötzungen verbunden war, sie vom Elend im Jenseits befreien werde, welches dagegen die Uneingeweihten erwarte. Platon vermerkte, daß selbst schlimmen Übeltätern Lösung und Reinigung versprochen wurde, wenn sie sich nur einweihen ließen.

Auch Pythagoras verhieß seinen Anhängern durch die Befolgung der von ihm verordneten Riten und Vorschriften, welche zum Teil von der üblichen griechischen Lebensführung stark abwichen, ein gutes Los im Jenseits. Im Gegensatz zu den Orphikern aber, bemaß Pythagoras die ethische Vortrefflichkeit als am wichtigsten, weil sie ihm als Gewähr für das Glück im Jenseits galt.

Nach Pythagoras´ Tod in Metapont führten die Pythagoreer seine Lehren weiter, die später in die Kultur des aufstrebenden Römischen Reiches einflossen.

4. Kapitel

Sokrates und Platon

Sokrates (469-399 v. Chr.) lebte in Athen, war verheiratet und hatte drei Söhne. Einer Überlieferung zufolge hatte er eine Zeitlang als Steinmetz gearbeitet. Er hatte als Soldat am Peloponnesischen Krieg teilgenommen und war bekannt für seinen asketischen Lebensstil.

Sein philosophisches Wirken bestand vor allem darin, über die öffentlichen Plätze Athens zu wandeln und Passanten, gleich welchen Standes, in Gespräche zu verwikkeln, die ethische Werte und tugendhaftes Leben zum Thema hatten. Dabei wollte er nicht belehren, sondern nach der Wahrheit forschen. Im Unterschied zu vielen seiner Gesprächspartner nahm Sokrates für sich selbst kein Expertentum in Anspruch. Auch dann, wenn er die Antworten auf die Fragen, die er stellte, selbst nicht genau wußte, konnte er durch Logik falsche Antworten ausschließen. Dabei stellte sich oft heraus, daß seine Gesprächspartner, die vorgaben, Wissen auf einem bestimmten Gebiet zu haben, keine rechte Ahnung davon hatten. Nicht wenige Athener, darunter hochrangige Persönlichkeiten, reagierten beleidigt und wähnten ihre Autorität untergraben, zumal Sokrates meist in Begleitung einer Gruppe von jungen Menschen unterwegs war. Es kam so weit, daß Sokrates angeklagt wurde, neue Götter in Athen einzuführen und die Jugend zu verderben. Nach seiner Verteidigungsrede, mit der er die Richter noch mehr gegen sich aufbrachte, wurde er zum Tode durch Gift verurteilt.

Platon (428-348 v. Chr.) wuchs in einer Athener Aristokratenfamilie zu den unruhigen Zeiten des Peloponnesischen Krieges auf. Nach seiner schulischen Ausbildung sollte er eine politische Laufbahn einschlagen, wandte sich aber, enttäuscht durch die Ungerechtigkeit der aufgrund der Kriegsniederlage Athens von Sparta eingesetzten Vasallenregierung, von der Politik ab. Platon widmete sich der Philosophie und schloß sich Sokrates und seiner Anhängerschaft an. Als Athen die Unabhängigkeit zurückerlangt hatte und die alte Demokratie wieder Staatsform war, hoffte Platon erneut auf ein politisches Wirken. Erschüttert durch die ungerechte Verurteilung des Sokrates wenige Jahre später, gab Platon sein politisches Vorhaben in Athen endgültig auf und verließ den Stadtstaat vorübergehend.

Ab 389 v. Chr. unternahm Platon mehrere Reisen nach Unteritalien und Sizilien. Er schloß Freundschaft mit den Pythagoreern, die in einigen Städten Unteritaliens politische und militärische Machthaber waren. Bei ihnen vervollkommnete er sein mathematisches Wissen und wurde vermutlich auch zu seiner Wiedergeburtslehre zusätzlich inspiriert. Auf Sizilien versuchte Platon, selbst wieder politischen Einfluß zu nehmen, was jedoch am Uneinverständnis des dort herrschenden Tyrannen scheiterte.

In Athen gründete Platon 387 v. Chr. die Akademie, eine philosophische Schule, an der er unterrichtete und sein literarisches Werk vollbrachte. Er hielt die wichtigsten Dialoge Sokrates´ in seinen Büchern fest und schrieb auch seine selbstentwickelten Lehren in Dialogform mit Sokrates als fiktivem Gesprächsführer auf.

Platon war nicht verheiratet und hatte keine Kinder. Er ging wohl ganz in seinem philosophischen Schaffen auf und starb eines natürlichen Todes.

Platon, der wohl bedeutendste Philosoph der Antike, vielleicht sogar aller Zeiten, ist der erste, dessen schriftliche Werke vollständig erhalten sind. Er beschäftigt sich in ihnen mit der Frage, wie ein gutes Leben zu führen ist, definiert die Tugenden, konzipiert eine Ideenlehre, stellt ein naturphilosophisches Erklärungsmodell der Welt auf, entwirft ein Modell des idealen Staates und dokumentiert logische Beweise für die Unsterblichkeit der Seele und deren Wiedergeburt.

`Phaidon´ ist das Hauptwerk Platons über die Unsterblichkeit der Seele. Er schildert darin den letzten Tag des Sokrates im Gefängnis, den dieser damit verbringt, mit Freunden und Schülern, die zu Besuch gekommen sind, zu diskutieren, ob die Seele unsterblich ist und wiedergeboren wird. Im Laufe des Gespräches führt Sokrates logische Beweise an, die er gegen vorgebrachte Zweifel und Gegenmeinungen überzeugend vertritt.

Die Beweise basieren auf folgender Argumentation:

1. Alles, was ein Gegenteil hat, entsteht aus diesem heraus. Etwas, das kleiner wird, muß vorher größer, etwas, das größer wird, vorher kleiner gewesen sein. Ebenso entsteht das Stärkere aus dem Schwächeren, das Langsamere aus dem Schnelleren jeweils wechselseitig. Diese Liste ließe sich beliebig fortsetzen. Die Prozesse zwischen den gegenteiligen Zuständen bestehen immer aus Zunehmen und Abnehmen. Das Kühle erwärmt sich und wird zum Warmen, das Warme kühlt ab und wird zum Kühlen.

So wie dem Wachen das Schlafen entgegengesetzt ist, ist dem Leben das Totsein entgegengesetzt. Da das Schlafen sich wieder in Wachen wandelt, muß sich das Totsein folglich wieder in Leben wandeln. Das Übergehen von Wachen in Schlafen ist Einschlafen, von Leben in Totsein Sterben. Das umgekehrte Übergehen von Schlafen in Wachen ist Aufwachen, folglich von Totsein in Leben Aufleben.

2. Alles Lebendige hat einen zusammengesetzten und einen unzusammengesetzten Teil. Der Leib ist zusammengesetzt, ihm kommt es zu, aufgelöst zu werden. Die Seele ist weder sichtbar noch faßbar, denn sie ist unzusammengesetzt, und was unzusammengesetzt ist, kann nicht aufgelöst werden, sie bleibt also bestehen.

Die Natur gebietet dem Leib zu dienen und der Seele zu herrschen. Im Vergleich dazu ist wohl das Göttliche so geartet, daß es herrscht und das Sterbliche, daß es dient. Da der Leib von Natur aus sterblich ist, muß die Seele von der Natur her göttlich sein, also unsterblich.

`Der Staat´, Platons politisches Hauptwerk, schließt mit einem faszinierenden Mythos über das Leben der Seele nach dem Tode.

Der Mythos besagt folgendes:

Die Seelen gelangen nach dem leiblichen Tod an einen wunderbaren Ort im Jenseits. Dort findet ein Gericht statt und einjede Seele empfängt ihrem geführten Leben gemäß das Urteil. Die guten Seelen ziehen in den Himmel, wo sie an schönen Orten in Glückseligkeit lange Zeit bleiben. Die schlechten Seelen ziehen in die Unterwelt, wo sie an Orten der Qualen für ihre Vergehen lange Zeit büßen, um gereinigt zu werden. Wenn sie ihre Zeit im Himmel oder im Hades verbracht haben, treffen sich die miteinander verwandten Seelen wieder. Gemeinsam reisen sie zu einem Lichtbogen, auf dem sie von überirdischen Wesen ihre Lebenslose erhalten und ihre Lebensmuster frei wählen. Danach gelangen sie an einen Ort, an dem sie den Aufenthalt im Jenseits vergessen, bevor sie in ihre neuen irdischen Leben eingehen. Die ganz schlechten Seelen stürzen in den Tartaros, einen Ort noch jenseits des Hades, aus dem sie kaum mehr herauskommen. Die vollkommen guten Seelen bleiben für immer im Himmel.

Im folgenden stelle ich zu dem Beschriebenen die Texte aus Platons Büchern vor:

Phaidon (Übersetzung von Friedrich Schleiermacher)
Erster Beweis A, Kapitel 15–17
Zweiter Beweis A, Kapitel 25–28

15. Laßt es uns aber so betrachten, ob die Seelen, nachdem die Menschen gestorben, in der Unterwelt sind oder ob nicht. Eine alte Rede gibt es nun freilich, die, deren wir erwähnt haben, daß, wie sie von hier dorthin gekommen sind, sie auch wieder hierher zurückkehren und wiedergeboren werden aus den Toten. Und wenn sich dies so verhält, daß die Lebenden wiedergeboren werden aus den Gestorbenen: so sind ja wohl unsere Seelen dort? Denn sie könnten nicht wiedergeboren werden, wenn sie nicht wären. Und ein hinreichender Beweis wäre dies, daß es so ist, wenn wirklich offenbar würde, daß die Lebenden nirgend anders herkämen als von den Toten. Wenn dies aber nicht so ist, dann bedürften wir eines anderen Grundes. – Gewiß, sagte Kebes. – Betrachte es nun nicht allein an Menschen, fuhr jener fort, wenn du es eher innewerden willst, sondern auch an den Tieren insgesamt und den Pflanzen; und überhaupt an allem, was eine Entstehung hat, laß uns zusehen, ob etwa alles so entsteht, nirgend anders her als jedes aus seinem Gegenteil, was nur ein solches hat, wie doch das Schöne von dem Häßlichen das Gegenteil ist und das Gerechte von dem Ungerechten, und ebenso tausend anderes sich verhält. Dieses also laß uns sehen, ob nicht notwendig, was nur ein Entgegengesetztes hat, nirgend anders her selbst entsteht als aus diesem ihm Entgegengesetzten. So wie, wenn etwas größer wird, muß

31

es doch notwendig aus irgend vorher kleiner Gewesenem hernach größer werden? – Ja. – Nicht auch, wenn es kleiner wird, wird es aus vorher Größerem hernach kleiner? – So ist es, sagte er. – Und ebenso aus Stärkerem das Schwächere und aus Langsamerem das Schnellere? – Gewiß. – Und wie? Wenn etwas schlechter wird, nicht aus Besserem, und wenn gerechter, nicht aus Ungerechterem? – Wie sonst? – Dies also, sprach er, haben wir sicher genug, daß alle Dinge so entstehen, das Entgegengesetzte aus dem Entgegengesetzten. – Freilich. – Und wie? Gibt es nicht auch so etwas dabei, wie zwischen jeglichem Entgegengesetzten, was doch immer zwei sind, auch ein zwiefaches Werden von dem einen zu dem andern und von diesem wieder zu jenem zurück? Wie zwischen dem Größeren und Kleineren Wachstum und Abnahme ist, und so nennen wir auch das eine wachsen, das andere abnehmen. – Ja, sagte er. – Nicht auch aussondern und vermischen, abkühlen und erwärmen, und so alles, wenn wir auch bisweilen die Worte dazu nicht haben, muß sich doch der Sache nach überall so verhalten, daß eines aus dem andern entsteht und daß es ein Werden von jedem zu dem andern gibt. – Gewiß. –

16. Wie nun, fuhr er fort, ist dem Leben auch etwas entgegengesetzt, wie dem Wachen das Schlafen? – Gewiß, sagte er. – Und was? – Das Totsein, sagte er. – Also entstehen diese auch aus einander, wenn sie entgegengesetzt sind, und es gibt zwischen ihnen zweien ein zwiefaches Werden. – Wie sollte es nicht? – Die Verknüpfungen nun des einen Paares von den eben genannten Dingen will ich dir aufzeigen, sprach Sokrates, und das dazugehörige Werden, du aber mir die andern. Ich sage nämlich, das eine sei Schlafen und das andere Wachen, und aus dem Schlafen werde das Wachen und aus dem Wachen das

Schlafen, und dies Werden beider sei das Einschlafen und das Aufwachen; habe ich es dir hinlänglich erklärt oder nicht? – Vollkommen. – Sage du mir also nun ebenso von Leben und Tod. Sagst du nicht, dem Leben sei das Totsein entgegengesetzt? – Das sage ich. – Und daß beides aus einander entstehe? – Ja. – Aus dem Lebenden also, was entsteht? – Das Tote, sprach er. – Und was aus dem Toten? – Notwendig, sprach er, muß man eingestehen, das Lebende. – Aus dem Gestorbenen also, o Kebes, entsteht das Lebende und die Lebenden? – So zeigt es sich, sprach er. – Also sind, sprach er, unsere Seelen in der Unterwelt. – So scheint es. – Und nicht wahr, auch von dem Werden, was hierzu gehört, ist das eine deutlich genug? Denn Sterben ist doch deutlich genug, oder nicht? – Freilich, sagte er. – Was wollen wir aber nun machen? sprach er. Wollen wir nicht auch das entgegengesetzte Werden hinzunehmen, sondern soll die Natur von dieser Seite lahm sein? Oder müssen wir nicht notwendig auch ein dem Sterben entgegengesetztes Werden annehmen? – Auf alle Weise, sagte er. – Und was für eines? – Das Aufleben. – Also, sprach er, wenn es ein Aufleben gibt, so wäre eben dieses das Werden der Lebenden aus den Toten, das Aufleben? – Freilich. – Also auch auf diese Weise kommt es uns heraus, daß die Lebenden aus den Toten entstanden sind, nicht weniger als die Toten aus den Lebenden. Ist dies nun so, so schien es uns ja ein hinreichender Beweis, daß die Seelen der Verstorbenen irgendwo sein müssen, woher sie wieder lebend werden. – Mich dünkt, o Sokrates, dem Eingestandenen gemäß müsse es sich so verhalten. –

17. Siehe nun auch, o Kebes, sprach er, daß wir nichts mit Unrecht eingestanden haben, wie mich dünkt. Denn wenn nicht dem auf die eine Art Gewordenen immer das auf die andere entspräche und das Werden wie im Kreise herum-

ginge, sondern es ein gerade fortschreitendes Werden gäbe nur aus dem einen in das Gegenüberstehende, ohne daß dies sich wieder wendete und zum andern zurückkäme: so siehst du wohl, daß am Ende alles einerlei Gestalt haben und in einerlei Zustand sich befinden und aufhören würde zu werden. – Wie meinst du das? fragte er. – Es ist gar nicht schwer, sagte er, zu begreifen, was ich meine; sondern wie wenn das Einschlafen zwar wäre, ein Aufwachen aber entspräche ihm nicht, das aus dem Schlafenden würde, so weißt du wohl, würde am Ende alles beweisen, Endymion sei nur eine Posse und nichts Besonderes, weil es auch allem andern ebenso erginge wie ihm, daß es schliefe; und wie, wenn alles immer vermischt würde und nicht gesondert, bald jenes Anaxagoreische sich einstellen würde, »Alle Dinge zusammen« sein. Würde nicht ebenso auch, lieber Kebes, wenn alles zwar stürbe, was am Leben Anteil hat, nachdem es aber gestorben wäre, das Tote immer in dieser Gestalt bliebe und nicht wieder auflebte, ganz notwendig zuletzt alles tot sein und nichts leben? Denn wenn zwar aus dem andern das Lebende würde, das Lebende aber stürbe: wie wäre dann zu helfen, daß nicht zuletzt alles im Totsein aufginge? – Gar nicht, denke ich, o Sokrates, sagte Kebes, sondern du scheinst mir durchaus richtig zu reden. – Es ist auch, o Kebes, sagte er, wie mich dünkt, auf alle Weise so, und nicht etwa überlistet gestehen wir dieses ein, sondern es gibt in der Tat ein Wiederaufleben und ein Werden der Lebenden aus den Toten und ein Sein der Seelen der Gestorbenen.

25. Also ungefähr so, sprach Sokrates, müssen wir uns selbst fragen: Welcherlei Dingen kommt es wohl zu, dies zu erfahren, das Zerstieben, und für welche muß man also fürchten, daß ihnen dieses begegne, welchen aber kommt

es nicht zu, und für welche nicht? Dann müssen wir untersuchen, zu welchen von beiden die Seele gehört, und hieraus und dem gemäß entweder Mut fassen oder besorgt sein für unsere Seelen. – Ganz richtig, sagte er. – Und nicht wahr, dem, was man zusammengesetzt hat und was seiner Natur nach zusammengesetzt ist, kommt wohl zu, auf dieselbe Weise aufgelöst zu werden, wie es zusammengesetzt worden ist; wenn es aber etwas Unzusammengesetztes gibt, diesem, wenn sonst irgend einem, kommt wohl zu, daß ihm dieses nicht begegne? – Das scheint mir sich so zu verhalten, sprach Kebes. – Und nicht wahr, was sich immer gleich verhält und auf einerlei Weise, davon ist wohl am wahrscheinlichsten, daß es das Unzusammengesetzte sei; was aber bald so, bald anders und nimmer auf gleiche Weise, dieses das Zusammengesetzte? – Mir wenigstens scheint es so. – So gehen wir denn, sprach er, zu dem, wovon wir auch vorher sprachen. Jenes Wesen selbst, welchem wir das eigentliche Sein zuschreiben in unsern Fragen und Antworten, verhält sich dies wohl immer auf gleiche Weise, oder bald so, bald anders? Das Gleiche selbst, das Schöne selbst, und so jegliches, was nur ist, selbst, nimmt das wohl jemals auch nur irgendeine Veränderung an? Oder verhält sich nicht jedes dergleichen als ein einartiges Sein an und für sich immer auf gleiche Weise und nimmt niemals auf keine Weise irgendwie eine Veränderung an? – Auf gleiche Weise, sprach Kebes, und einerlei verhält es sich notwendig, o Sokrates. – Wie aber die vielen Dinge, wie Menschen, Pferde, Kleider oder sonst irgend etwas dergleichen, schöne oder gleiche oder sonst einem von jenem gleichnamige, verhalten sich auch diese immer gleich oder ganz jenem entgegengesetzt, weder mit sich selbst jedes noch untereinander jemals, um es kurz zu sagen, auch nur im mindesten gleich? – Wiederum so, sprach Kebes, scheint mir dieses niemals einerlei sich zu verhalten. – Und diese Dinge, sprach er, kannst du doch anrühren, sehen und mit den andern Sinnen wahrnehmen; aber zu jenen sich gleichseienden kannst du doch wohl auf keine Weise irgend anders gelangen als durch das Denken der Seele selbst, sondern unsichtbar sind diese Dinge und werden nicht gesehen. – Auf alle Weise, sagte er, hast du recht. –

26. Sollen wir also, sprach er, zwei Arten des Seienden setzen, sichtbar die eine und die andere unsichtbar? – Das wollen wir, sprach er. – Und die unsichtbare als immer auf gleiche Weise sich verhaltend, die sichtbare aber niemals gleich? – Auch das, sagte er, wollen wir setzen. – Wohlan denn, sprach er, ist nicht von uns selbst das eine Leib und das andere Seele? – Allerdings. – Welcher von jenen beiden Arten nun wollen wir wohl sagen, daß der Leib ähnlicher sei und verwandter? – Das muß ja jedem deutlich sein, dem Sichtbaren. – Wie aber die Seele, ist die unsichtbar oder sichtbar? – Menschen wenigstens ist sie es nicht, o Sokrates, sagte er. – Aber wir sprachen doch von dem Sichtbaren und Unsichtbaren für die Natur der Menschen, oder meinst du für irgendeine andere? – Für die menschliche. – Was sagen wir also von der Seele, daß sie sichtbar sei oder nicht sichtbar? – Nicht sichtbar. – Also unsichtbar. – Ja. – Ähnlicher also als der Leib ist die Seele dem Unsichtbaren, er aber dem Sichtbaren. – Ganz notwendig, o Sokrates. –

27. Und nicht wahr, auch das haben wir schon lange gesagt, daß die Seele, wenn sie sich des Leibes bedient, um etwas zu betrachten, es sei durch das Gesicht oder das Gehör oder irgendeinen andern Sinn – denn das heißt vermittels des Leibes, wenn man vermittels eines Sinnes

etwas betrachtet –, daß sie dann von dem Leibe gezogen wird zu dem, was sich niemals auf gleiche Weise verhält, und dann selbst schwankt und irrt und wie trunken taumelt, weil sie ja eben solches berührt. – Das haben wir gesagt. – Wenn sie aber durch sich selbst betrachtet, dann geht sie zu dem reinen, immer seienden Unsterblichen und sich stets Gleichen, und als diesem verwandt hält sie sich stets zu ihm, wenn sie für sich selbst ist und es ihr vergönnt wird, und dann hat sie Ruhe von ihrem Irren und ist auch in Beziehung auf jenes immer sich selbst gleich, weil sie ebensolches berührt, und diesen ihren Zustand nennt man eben die Vernünftigkeit. – Auf alle Weise, o Sokrates, sagte er, ist dies schön und wahr gesagt. – Welcher von beiden Arten also dünkt dich die Seele nach dem Vorherigen und dem jetzt Gesagten ähnlicher und verwandter zu sein? – Jeder, sagte er, dünkt mich, o Sokrates, müßte nach dieser Darstellungsweise zugeben, auch der Ungelehrigste, daß doch in allem und jedem die Seele dem sich immer gleich Bleibenden ähnlicher ist als dem nicht solchen. – Und wie der Leib? – Dem anderen. – 28. Betrachte es auch von dieser Seite, daß, solange Leib und Seele zusammen sind, die Natur ihm gebietet, zu dienen und sich beherrschen zu lassen, ihr aber, zu herrschen und zu regieren; auch hiernach nun, welches von beiden dünkt dich dem Göttlichen ähnlich zu sein und welches dem Sterblichen? Oder dünkt dich nicht das Göttliche so geartet zu sein, daß es herrscht und regiert, das Sterbliche aber, daß es sich beherrschen läßt und dient? – Das dünkt mich. – Welchem gleicht nun die Seele? – Offenbar, o Sokrates, die Seele dem Göttlichen und der Leib dem Sterblichen. – Sieh nun zu sprach er, o Kebes, ob aus allem Gesagten uns dieses hervorgeht, daß dem Göttlichen, Unsterblichen, Vernünftigen, Eingestaltigen, Unauflöslichen

und immer einerlei und sich selbst gleich sich Verhalten-
den am ähnlichsten ist die Seele, dem Menschlichen aber
und Sterblichen und Unvernünftigen und Vielgestaltigen
und Auflöslichen und nie einerlei und sich selbst gleich
Bleibenden, diesem wiederum der Leib am ähnlichsten
ist? Oder wissen wir hiergegen noch etwas anderes zu
sagen, lieber Kebes, daß es sich nicht so verhalte? – Wir
wissen nichts dergleichen. –

Der Staat, Zehntes Buch (Übersetzung von Otto Apelt)
Schlußmythos, Kapitel 13–16, gekürzt

13. Doch ist, was ich vortragen will, nicht etwa eine
Erzählung des weichlichen Alkinoos, sondern die eines
wetterfesten Mannes, des Er, des Sohnes des Armenios,
eines Pamphyliers von Geburt. Er war vor Zeiten im Kriege gefallen, und als nun zehn Tage darauf die schon ver-
westen Leichen aufgelesen wurden, ward er noch unver-
sehrt mit aufgelesen und in die Heimat gebracht; als er
dann am zwölften Tage bestattet werden sollte und schon
auf dem Scheiterhaufen lag, da kam er wieder zum Leben
und berichtete nun, was er im Jenseits gesehen. Er sei, so
erzählte er, nachdem seine Seele aus ihm gefahren, mit
vielen anderen wandernd an einen wunderbaren Ort gelangt, wo sich in der Erde zwei aneinander grenzende
Spalten gezeigt hätten und oben am Himmel gleichfalls
zwei andere. Die Richter aber hätten zwischen diesen
ihren Platz gehabt und nach Fällung ihres Richterspruches
die Gerechten den Weg zur Rechten und nach oben durch
den Himmel ziehen lassen, nachdem sie ihnen Zeichen
des Richterspruches über ihre Taten vorn angeheftet, die
Ungerechten aber zur Linken und nach unten, auch sie

versehen mit Zeichen über alle ihre Taten, aber hinten. Als nun auch er vor ihren Richterstuhl gekommen, hätten sie ihm gesagt, er solle den Menschen ein Verkündiger des Jenseits werden und ihrer Anordnung gemäß alles an diesem Orte hören und schauen. So habe er denn einerseits an beiden Spalten, der des Himmels und der der Erde, die Seelen von dannen ziehen sehen, nachdem sie ihren Richterspruch empfangen, anderseits in der einen Spalte die Seelen aus der Erde herauskommen sehen voll Schmutz und Staub, in der anderen aber andere gereinigt aus dem Himmel herabsteigen sehen. Und die jeweilig Ankommenden hätten immer den Eindruck gemacht, als kämen sie von einer langen Wanderung; sie hätten, auf der Wiesenflur angelangt, sich frohgemut wie zu festlicher Versammlung gelagert; dann hätten sich die einander bekannten gegenseitig begrüßt, und die aus der Erde kommenden hätten sich bei den anderen nach den dortigen Dingen erkundigt, die aus dem Himmel kommenden nach denen in der Erde. Nun hätten sie einander erzählt, die einen jammernd und weinend, in der Erinnerung an all das mannigfache Leid, das sie bei ihrer Wanderung unter der Erde erfahren und geschaut – die Wanderung aber dauere tausend Jahre – die anderen aber aus dem Himmel hätten von ihrem Wohlergehen erzählt und von unbeschreiblich schönen Dingen, die sie dort geschaut. Die ganze Fülle dessen nun, was er erzählte, hier wiederzugeben würde viel zu viel Zeit erfordern; die Hauptsache aber war, wie er sagte, die, daß sie für jeden begangenen Frevel und für jeden, an dem sie ihn begangen, der Reihe nach hätten Strafen über sich ergehen lassen müssen, für jeden einzelnen Fall die zehnfache; dieser zehnfachen Wiederholung aber liegt zugrunde ein Zeitraum von hundert Jahren als der für das menschliche Leben angemessenen Zeit; so sollten sie zehnfach den Frevel büßen, und wenn z. B. dieser oder jener vielfachen Todes sich schuldig gemacht, sei es durch Verrat oder Knechtung von Städten oder Heeren oder durch Beteiligung an irgendwelcher anderen Ruchlosigkeit, so müßten sie für alles dies in jedem einzelnen Fall zehnfache Qualen ausstehen, wie sie auch anderseits wieder für etwaiges Gutes, das sie anderen erwiesen und für Fälle, wo sie sich gerecht und fromm gezeigt hätten, nach dem nämlichen Verhältnis ihren Lohn davontrügen. Von denen aber, die kaum geboren, starben oder nur kurze Zeit lebten, erzählte er auch wieder mancherlei, was aber keiner weiteren Erwähnung wert ist. Für Frevelmut aber und Ehrfurcht gegen Götter und Eltern sowie für solche, die sich mit Menschenmord befleckt haben, gebe es – so berichtete er – noch größere Vergeltung oder Lohn. Er erzählte nämlich, er sei zugegen gewesen, wie einer den anderen fragte, wo Ardiaios der Große sei. Dieser Ardiaios hatte sich in einer Pamphylischen Stadt vor damals schon tausend Jahren zum Tyrannen aufgeworfen, nachdem er seinen greisen Vater und seinen älteren Bruder umgebracht und viele andere Greueltaten verübt hatte, wie die Rede ging. Er sagte nun, der Gefragte habe geantwortet: „er ist nicht hierher gekommen und wird auch schwerlich jemals hierher kommen."

14. „Denn zu den grauenhaften Vorgängen, die wir sahen, gehörte auch der folgende: als wir nahe der Mündung waren und nach Überwindung aller übrigen Leiden eben heraussteigen wollten, sahen wir plötzlich jenen Ardiaios und andere, größtenteils auch Tyrannen; doch waren auch einige Einzelbürger dabei, und zwar aus der Zahl der schwer belasteten Verbrecher. Diese glaubten eben schon heraussteigen zu können, als die Mündung, sich ihnen verschließend, ein großes Gebrüll vernehmen ließ, so oft

einer von diesen unheilbaren Schurken oder wer noch nicht genügend gebüßt hatte, herauszusteigen versuchte." „Da waren denn" – so fuhr er fort – „wilde Männer zur Stelle, feurig anzusehen, die jenes Gebrüll verstanden, und führten einige, sie von beiden Seiten packend, weg; dem Ardiaios aber und anderen banden sie Hände und Füße und Kopf zusammen, warfen sie zu Boden und schunden sie, dann schleppten sie sie seitwärts vom Wege von der Mündung weg an eine Stelle, wo sie ihnen auf Dorngesträuch den Leib zerkratzten und dabei den jeweilig Vorübergehenden zu verstehen gaben, weshalb sie abgeführt würden und daß sie für den Tartaros bestimmt seien." So sei denn – sagte er – unter den vielen und mannigfachen Ängsten, die sie dort zu überstehen gehabt hätten, für jeden ohne Ausnahme die furchtbarste die gewesen, daß etwa, wenn sie hinaufstiegen, jenes Gebrüll ertönen möchte, und, habe es geschwiegen, so sei ein jeder in freudigster Erregung herausgestiegen. Dieser Art etwa seien denn die Strafen und Büßungen und anderseits die ihnen als Gegensatz entsprechenden Segnungen. Nachdem sie aber ein jeder sieben Tage auf der Wiese geweilt, hätten sie am achten Tage von da aufbrechend sich wieder auf die Wanderung begeben müssen und wären am vierten Tage an eine Stelle gekommen, von wo sie ein gerades Lichtband sahen, das sich von oben über den ganzen Himmel und die Erde hinzog, wie eine Feuersäule, nicht unähnlich dem Regenbogen, aber glänzender und reiner. Zu diesem Lichtband seien sie nun nach Zurücklegung einer Tageswanderung gelangt, und da, in der Mitte des Lichtbandes hätten sie an dem Himmel die Enden der ihn zusammenhaltenden Reifen befestigt gesehen; denn dieses Licht sei das Band des Himmels, welches, ähnlich den Gurten bei den Kriegsschiffen, das ganze sich umschwingende Himmelsgewölbe zusammenhält. An diesen Gipfeln des Himmels sei die Spindel der Notwendigkeit befestigt, vermittels deren alle Umläufe in Schwung gesetzt würden. Gedreht aber werde die Spindel auf dem Schoße der Notwendigkeit. Rund um sie aber säßen in gleicher Entfernung drei andere weibliche Gestalten, jede auf einem Throne, die Töchter der Notwendigkeit, die Moiren, im weißen Gewande, mit Kränzen auf dem Haupte, Lachesis die Vergangenheit kündend, Klotho die Gegenwart, Atropos die Zukunft. Klotho streife dann und wann mit ihrer Rechten an den äußeren Rand der Spindel leise an und befördere den Umschwung, Atropos greife ebenso mit der Linken in das innere Werk, Lachesis aber abwechselnd mit der einen Hand ins Innere, mit der anderen streife sie das Äußere an.

15. Dort also angelangt, hätten sie alsbald vor die Lachesis hintreten müssen. Ein Prophet aber – so sah er wenigstens aus – habe sie zunächst mit gehörigem Abstand nebeneinander gestellt, dann habe er aus dem Schoße der Lachesis Lose und Lebensmuster genommen, sei sodann auf eine hohe Bühne gestiegen und habe sich folgendermaßen vernehmen lassen: „Dies kündet euch die Tochter der Notwendigkeit, die jungfräuliche Lachesis. Eintägige Seelen! Dies ist der Beginn eines neuen todbringenden Umlaufes für euer sterbliches Geschlecht. Euer Los wird nicht durch den Dämon bestimmt, sondern ihr seid es, die sich den Dämon erwählen. Wer als erster gelost hat, der wähle zuerst die Lebensbahn, bei der er unwiderruflich beharren wird. Die Tugend aber ist herrenlos; je nachdem er sie ehrt oder mißachtet, wird ein jeder mehr oder weniger von ihr empfangen. Die Schuld liegt bei dem Wählenden; Gott ist schuldlos." Nach diesen Worten habe er die Lose ihnen zugeworfen, jeder aber habe das

neben ihm liegende aufgehoben, nur er selbst nicht; ihm habe er es nicht gestattet. Wer es aber aufgehoben habe, dem sei kund geworden, der wievielste in der Reihe er nach der Bestimmung des Loses sei. Darauf habe er hinwiederum die Lebensmuster vor sie hin auf den Boden gestellt, in einer Zahl, weit größer als die der Anwesenden. Sie seien denn von der mannigfachsten Art gewesen; alle Tiere seien dabei mit ihrer Lebensweise vertreten gewesen und natürlich auch alle menschlichen Lebensberufe. Dabei hätte es auch an Mustern für Tyrannenherrschaft nicht gefehlt, teils lebenslänglicher, teils solcher, die mitten aus der Macht heraus zu Fall gebracht wird und mit Armut, Verbannung und Bettlerelend endigt. Doch auch Muster für das Leben angesehener Männer habe es gegeben, denen teils Wohlgestalt, Schönheit, zudem auch Körperkraft und Kampfestüchtigkeit, teils Geburt und der Ahnen Tugenden zu diesem ihrem Ansehen verhelfen, und anderseits auch wieder von Männern, die in den nämlichen Beziehungen in geringer Achtung stehen. Dasselbe gelte auch von den Frauen. Für die Seelenbeschaffenheit aber habe es dabei eine bestimmte Ordnung nicht gegeben, weil eine Seele, die sich eine andere Lebensweise erwählt hat, notwendig auch eine andere wird. In den anderen Beziehungen dagegen sei alles vermischt untereinander, so wie mit Reichtum und Armut, Krankheit und Gesundheit, einiges halte auch die Mitte zwischen beiden. Hier liegt nun, wie leicht begreiflich, für die Menschen die eigentliche Gefahr, und deshalb muß man alle Sorge darauf richten, daß jeder von uns unter Zurückstellung aller übrigen Wissensgebiete in eifrigem Suchen und Lernen demjenigen Wissen nachtrachte, das ihn in den Stand setzt zu erkennen und herauszufinden, wer ihn dessen fähig und kundig machen kann, zwischen guter und schlechter Lebensweise so scharf zu unterscheiden, daß er nach Möglichkeit immer und überall die bessere erwählt; dabei gilt es, alles das von uns bisher Gesagte durch gegenseitige Vergleichung und scharfe Bestimmung nach seinem Wert für ein tugendhaftes Leben richtig in Anschlag zu bringen und zu wissen, was Schönheit mit Armut oder Reichtum gemischt ausrichtet und bei welcher Seelenbeschaffenheit sie Schlimmes oder Gutes bewirkt; auch was hohe und niedere Abkunft, Zurückgezogenheit und Staatsdienst, körperliche Kraft und Schwäche, rasche und langsame Auffassungsgabe und alles dergleichen der Seele von Natur Innewohnende sowie auch das Erworbene – was alles dies miteinander vermischt für eine Wirkung hat. Nur, wenn man aus allem diesem die richtigen Folgerungen zu ziehen weiß, macht man sich, den Blick auf die natürliche Seelenbeschaffenheit hingerichtet, fähig, die schlechtere und die bessere Lebensweise bei der Wahl zu unterscheiden, wobei man als schlechter diejenige bezeichnet, welche die Seele dahin bringt, daß sie ungerechter wird, als besser aber diejenige, die sie gerechter macht. Alles andere kann einem gleichgültig sein; denn wir haben gesehen, daß für Leben und Tod dies die beste Wahl ist. Mit dieser Überzeugung wie mit einem stahlharten Panzer gewappnet muß man hinab in den Hades gehen, auf daß man auch da von unerschütterlichem Gleichmut erfüllt sei gegen Reichtum und dergleichen Übel und nicht auf tyrannische Gewalttaten und andere dergleichen Handlungen verfallend viel unheilbares Übel anstifte und selbst noch größeres erleide; vielmehr mache man seinen Geist fähig, immer ein Leben zu wählen, das zwischen solchen Auswüchsen die Mitte hält und das Übermaß nach beiden Seiten hin meidet, sowohl im jetzigen Leben nach Kräften, als auch für die ganze Dauer des zukünftigen; denn so wird der Mensch am glückseligsten.

16. Es hat denn auch damals, wie der Bote aus dem Jenseits berichtete, der Prophet folgenden Spruch getan: „Auch dem, der zuletzt herantritt, ist, wenn er mit Vernunft wählt und dementsprechend lebt, ein wünschenswertes Leben beschieden, durchaus kein schlechtes. Weder sei, wer zuerst wählt, sorglos, noch wer zuletzt wählt, verzagt." Nach diesen Worten habe – so berichtete er – der zuerst Wählende ohne weiteres hervortretend sich die größte Tyrannenherrschaft erwählt und bei dieser Wahl aus Unverstand und Gierigkeit nicht alles erst genau erwogen, und so habe er nichts bemerkt von dem damit verbundenen Geschick, seine eigenen Kinder zu verzehren sowie von anderem Unheil. Nachdem er sein Lebenslos dann aber in Ruhe betrachtet, habe er vor Schmerz sich nicht zu lassen gewußt und seine Wahl bejammert, ohne doch dabei der vorausgeschickten Worte des Propheten eingedenk zu sein; denn nicht sich selbst habe er als Urheber des Unheils angeklagt, sondern das Schicksal und die Götter und alles andere eher als sich selbst. Er sei aber aus der Zahl derer gewesen, die aus dem Himmel gekommen wären, da er sein erstes Leben in einer wohlgeregelten Verfassung zurückgelegt hätte, der Tugend teilhaftig, aber nur durch Gewöhnung, nicht durch Philosophie. Und – geradeheraus gesagt – es fänden sich unter denen, die aus dem Himmel gekommen, nicht weniger Leute, die sich auf solchen Mißgriffen ertappen ließen, weil sie nicht durch die Schule der Leiden gegangen seien; dagegen träfen die meisten der aus der Erde Emporgestiegenen ihre Wahl nicht so blindlings, da sie ja selbst viele Mühsal bestanden und auch an anderen sie wahrgenommen hätten. Dies und daneben auch der Zufall des Loses sei der Grund, daß für die meisten Seelen ein Wechsel zwischen

Schlimmem und Gutem stattfinde. Bei bedachtsamer Wahl wäre das unmöglich. Denn wenn einer jedesmal, wenn er in dieses Leben wieder eintritt, sich der lauteren Wahrheitserkenntnis hingeben wolle und das Los der Wahl ihm nicht unter den Letzten falle, so würde er nach den von dort kommenden Verkündigungen aller Wahrscheinlichkeit nach nicht nur hienieden ein glückliches Leben führen, sondern auch seine Wanderung von hier nach dem Jenseits und von dort wieder zurück nicht auf unterirdischen und rauhen Pfaden, sondern auf glatter und himmlischer Bahn zurücklegen. Denn nun, sagte er, sei es ein Schauspiel, wert des Ansehens gewesen, wie eine jede Seele sich ihr Leben gewählt habe. Denn ebenso erbarmenswert wie lächerlich und wunderbar sei es anzuschauen gewesen. In der Regel träfen sie ihre Wahl gemäß der früheren Lebensgewohnheit. So habe er die einst dem Orpheus angehörige Seele ein Schwanenleben sich wählen sehen, weil sie aus Haß gegen das weibliche Geschlecht von wegen der Ermordung durch Weiber nicht von einem Weibe habe geboren werden wollen; die des Thamyras habe er das Leben einer Nachtigall wählen sehen. Anderseits habe sich ein Schwan die Umwandlung zum Menschenleben erwählt und andere Singvögel ebenso. Die zwanzigste Seele aber habe sich aus den Losen das Leben des Löwen gewählt; dies sei die Seele des Telamoniers Aias gewesen, weil sie eingedenk des Waffengerichtes es von sich wies, wieder ein Mensch zu werden. Darauf habe des Agamemnon Seele zu wählen gehabt; auch sie habe aus Haß gegen das Menschengeschlecht wegen der erduldeten Leiden das Leben eines Adlers eingetauscht. In der Mitte der Reihe der Losenden habe Atalante gestanden, die ein Los erblickt habe, das auf große Ehren für einen Wettkämpfer hindeutete: da habe sie sich nicht enthalten können, es zu wählen. Nach dieser habe er die Seele des Epeios, des Panopeus Sohn, gesehen, wie sie die Natur eines kunstfertigen Weibes annahm; weiter dann unter den letzten die des Possenreißers Thersites, wie sie sich in einen Affen verwandelte. Zufällig sei die letzte unter allen wählenden Seelen die des Odysseus gewesen; als sie zur Wahl herangetreten sei, habe sie, im Andenken an die überstandenen Leiden von allem Ehrgeiz geheilt, lange umhergehend nach dem Leben eines von Staatsgeschäften freien Biedermannes gesucht; nur mit Mühe habe sie es entdeckt an einer Stelle, wo es von den anderen übersehen lag, und kaum habe sie es erblickt, so habe sie gesagt, sie würde genau dieselbe Wahl getroffen haben, auch wenn sie als erste zu losen gehabt hätte; und so habe sie es hocherfreut vom Boden für sich aufgehoben. Ebenso wären auch noch sonst Verwandlungen von Tieren in Menschen und so gegenseitig zu sehen gewesen, indem ungerechte sich in wilde, gerechte in zahme verwandelt hätten, und so seien alle möglichen Mischungen vorgekommen. Nachdem nun sämtliche Seelen ihre Lebensläufe gewählt, seien sie in der durch die erste Losung bestimmten Ordnung an die Lachesis herangetreten; diese aber habe einem jeden den Dämon, den er sich erwählt, als Hüter seines Lebens und als Vollstrecker dessen, was sie sich erwählt, zugesellt. Dieser habe die ihm überwiesene Seele zunächst zur Klotho geführt, dicht an ihre Hand heran und an die unter ihrer Leitung sich drehende Spindel, um so das von ihr erloste Geschick zu befestigen; und nachdem er sie berührt, habe er sie zur spinnenden Atropos geführt, um den gesponnenen Schicksalsfaden unabänderlich zu machen. Von da sei er nun unverwandten Blickes an den Thron der Notwendigkeit herangetreten, und nachdem er an ihm vorübergeschritten und auch die übrigen daran vorbeigezogen wären, seien sie alle insgesamt durch unerträgliche Hitze und Glut hindurch zum Felde der Vergessenheit gekommen, einer öden Stätte, ohne jeden Baum und was sonst auf der Erde wächst. Da hätten sie sich nun bei schon anbrechender Dunkelheit an dem Flusse, genannt „Sorgenlos", gelagert, dessen Wasser kein Gefäß in sich festhalten könne. Ein gewisses Maß nun von diesem Wasser müsse jeder trinken; diejenigen aber, denen die Vernunft nicht als Helferin zur Seite stehe, tränken über das Maß hinaus, wer aber immerfort trinke, der vergesse alles. Nachdem sie sich zur Ruhe gelegt und die Mitternacht herangekommen wäre, da hätte es angefangen zu blitzen und zu beben, und plötzlich seien sie, der eine nach dieser, der andere nach jener Seite hin, emporgefahren zum neuen Leben, flimmernd wie Sterne. Er selbst aber habe von dem Wasser nicht trinken dürfen; wie aber und unter welchen Umständen er wieder zu seinem Leibe gekommen, das wisse er nicht, sondern nur dies, daß er plötzlich des Morgens die Augen aufgeschlagen und gesehen habe, daß er auf dem Scheiterhaufen liege. Und so hat sich diese Geschichte denn erhalten und ist nicht verloren gegangen; und sie kann auch uns erhalten, wenn wir ihr folgen; dann werden wir denn über den Lethefluß glücklich hinüberkommen und unsere Seelen nicht beflecken. Sondern wenn mein Rat gilt, wollen wir, überzeugt, daß die Seele unsterblich und imstande sei, allem Schlimmen und allem Guten standzuhalten, immer unbeirrt den Weg nach oben verfolgen und auf dem Grunde richtiger Einsicht auf alle Weise Gerechtigkeit üben, auf daß wir mit uns selbst wie auch mit den Göttern in Frieden und Freundschaft leben, sowohl, während wir hier auf Erden weilen, als auch dann, wenn wir die Preise dafür davontragen, gleich denen, welche als Sieger im Wettkampf ihren Lohn einsammeln, und hier sowohl wie auch auf der tausendjährigen Wanderung, die wir geschildert, uns eines glücklichen Daseins erfreuen.

---

5. Kapitel

Judentum

Neben den Lehren der Hauptwerke Talmud, Thora und Altes Testament besteht im Judentum eine Reihe von mystischen Lehren, die in der Kabbala zusammengefaßt sind. Die Wiedergeburt ist wichtiger Bestandteil darin.

Die Seele ist unsterblich. Um das himmlische Glück zu erreichen, muß sie jedoch erst vollkommen geworden sein. Dazu durchläuft sie einen geistig-sittlichen Vervollkommnungsprozeß, der die aufeinanderfolgenden Verkörperungen der Seele erfordert. Die Mehrheit der Kabbalisten ist der Meinung, eine solche Seelenwanderung findet nur in menschliche Körper statt, manche nehmen aber auch die Seelenwanderung in Tierkörper und Pflanzen an. Gelingt es einer Seele trotz ehrlichen Bemühens oder aus mangelnder Kenntnis nicht, sich genug zu vervollkommnen, ziehen eine oder mehrere Seelen, die schon einen höheren Reifegrad erlangt haben und seit dem Tod ihres eigenen Leibes umherwallen, zu der schwächeren Seele in deren Körper ein und helfen ihr, um ihre sittliche Vervollkommnung zu bewirken. Dies ist die Lehre `sod ha ibbur´.

Alle Seelen sind beim Ursprung der Welt geschaffen worden, und wenn alle im Zustand der Vollkommenheit sein werden, wird der Messias erscheinen. Der Sohar und weitere hebräische Literaturwerke berechnen sogar das Erscheinungsdatum des Messias.

Die Seelen sind durch Differenzierung, also Individualisierung, aus `Adam Protoplast´ – der absoluten und universellen Form des Menschen – entstanden. Die Seele ist eine Herausbildung der lebendigen Urkräfte – Sephirot – und als solche von ewig her in dem Absoluten gewesen. Neben dieser idealen Präexistenz weist die Seele auch eine reale Präexistenz auf. Damit ist ein selbständiges vorirdisches Dasein gemeint, denn alle Seelen sind in einem Zeitpunkt zugleich geschaffen worden, nämlich als ein und dieselbe Seele Adam Protoplast, bevor sie aus dieser hervorgegangen sind.

Die Anzahl der Seelen beträgt 60 Myriaden. Sie erzeugen sich nach folgendem mystischen Zahlenverhältnis: 3-12-70-613-60 Myriaden. Daraus ergeben sich auch die 613 Gesetzesvorschriften, die in 365 positive und 248 negative unterteilt sind.

Die Seelenschwängerung – Ibbur – ist zweifach und hängt davon ab, ob die Seele bereits wiedergeboren ist oder nicht. Die Seelenwanderung – Gilgul – ist als Ergänzung notwendig im Mysterium der Bestimmung des Menschen. Wer dieses Mysterium kennt, weiß, wer der dreizehn Jahre und einen Tag alte Mensch ist. Dieses Geheimnis soll aber nicht vollständig enthüllt werden.

Durch Gilgul gelangen die wandernden Seelen in einen embryonalen Leib, in dem sie bis zu dessen Tod bleiben, um die bisher ungenügend erfüllte Lebensaufgabe nochmals besser zu erledigen. Durch Ibbur gelangen die Wanderseelen in einen Leib, in dem sich schon eine Hauptseele befindet und vereinigen sich mit ihr auf Zeit zur sittlichen Unterstützung oder auch als Sündenstrafe.

Daß die Vorstellung von der Seelenwanderung auch heutzutage im jüdischen Glauben von Bedeutung ist, beweist folgendes Zitat:

`Die Zeit´ Nr. 33 vom 10. August 2000
<u>Worte der Woche</u>

„Die Ermordeten des Holocaust waren gewanderte Seelen von Sündern aus der Vergangenheit."

Ovadia Josef
sephardischer Oberrabbiner Israels und Oberhaupt
der ultraorthodoxen Schas-Partei, über die Opfer
des Nationalsozialismus

Eine Gegenreaktion darauf:

„Wenn das Haider gesagt hätte, hätten wir schnellstens die österreichische Botschaft geschlossen."

Josef Lapid
Vorsitzender der säkularen Shinui-Partei,
zu den Äußerungen des Rabbiners

6. Kapitel

Christentum

In der christlichen Theologie, gleich welcher Konfession, ist mit Wiedergeburt eine geistige Erneuerung – eine Wiedergeburt im Glauben – gemeint. Zwar wird der Seele die Möglichkeit ewigen Lebens im Himmelreich zuerkannt, aber ihre menschliche Existenz auf Erden wird als einmalig bestimmt.

Allerdings gibt es einige Beweise dafür, daß die Vorstellung von der Wiedergeburt – im Sinne von mehrmaliger Wiederverkörperung der Seele – Glaubensbestandteil im Christentum war.

Die Bibelanalysen von James Morgan Pryse

Im Neuen Testament finden sich einige Stellen, die die Tatsache bestätigen, daß die Menschen in Israel zur Zeit Jesu an die Wiedergeburt geglaubt haben.

James Morgan Pryse (1859-1942) war führender amerikanischer Theosophist und schrieb über dieses Thema in seinem Buch `Reinkarnation im Neuen Testament´. Er erklärt darin nachvollziehbar, daß es in den Schriften des Neuen Testaments keine systematische Aufstellung von Lehren, keine ausführliche Abhandlung fundamentaler Grundsätze in Religion und Philosophie gibt, sondern nur fragmentarische Erzählungen mit geringem Bemühen um Chronologie, kurze Gespräche und Briefe, gerichtet an

Gesellschaften in Städten und an Einzelpersonen sowie jene mystische Ausarbeitung der Apokalypse oder geheimen Offenbarung. J. M. Pryse war der Meinung, daß der Glaube an Reinkarnation in Israel zur Zeit Jesu selbstverständlich war und auch deshalb in den Schriften keine Erklärung fand. Wäre die Vorstellung von Reinkarnation für falsch gehalten worden, wäre gegen sie in den Schriften zweifellos Anklage ausgesprochen worden, wie beispielsweise gegen Götzendienst, Fleischesmenschen, Buchstabenverehrung und Materialismus. Viele Lehren Jesu erhalten erst eine schlüssige Bedeutung, wenn Reinkarnation als Wahrheit angenommen wird.

Aus seinem Buch, aus dem Jahr 1900, beziehungsweise aus dem Neuen Testament (Einheitsübersetzung) führe ich folgende Auszüge auf:

Matthäus 11,11–14
Amen, das sage ich euch: Unter allen Menschen hat es keinen größeren gegeben als Johannes den Täufer; doch der Kleinste im Himmelreich ist größer als er ... Und wenn ihr es gelten lassen wollt: Ja, er ist Elija, der wiederkommen soll.

Matthäus 16,13–16; 17,10–13
Jesus ... fragte seine Jünger: Für wen halten die Leute den Menschensohn? Sie sagten: Die einen für Johannes den Täufer, andere für Elija, wieder andere für Jeremia oder sonst einen Propheten. Da sagte er zu ihnen: Ihr aber, für wen haltet ihr mich? Simon Petrus antwortete: Du bist der Messias, der Sohn des lebendigen Gottes! Da fragten ihn

die Jünger: Warum sagen denn die Schriftgelehrten, zuerst müsse Elija kommen? Er gab zur Antwort: Ja, Elija kommt, und er wird alles wiederherstellen. Ich sage euch aber: Elija ist schon gekommen, doch sie haben ihn nicht erkannt, sondern mit ihm gemacht, was sie wollen. Ebenso wird auch der Menschensohn durch sie leiden müssen. Da verstanden die Jünger, daß er von Johannes dem Täufer sprach.

Kommentar von J. M. Pryse (gekürzt)
Jesus erklärt ausdrücklich, daß Johannes der Täufer Elija war. Da Johannes, der Sohn von Zacharias und Elisabeth, auf normale Weise geboren worden war, kann die ausdrückliche, uneingeschränkte Aussage von Jesus keine andere Bedeutung haben, als daß die Seele oder das innere Selbst von Elija in Johannes inkarniert wurde, wie der Engel Gabriel dem Zacharias vor der Geburt seines Sohnes verkündet hatte. (Lk 1,13–17) Elija, der mehrere Jahrhunderte vorher in den Himmel aufgefahren war (2 Kön 2,11), war also auf die Erde zurückgekehrt, indem er einen neuen Körper angenommen hatte; mit anderen Worten: er war reinkarniert. Die Menschen, die die Werke kannten, die von Jesus vollbracht wurden, nahmen als selbstverständlich an, daß er die Reinkarnation eines der Seher, Propheten oder Wundertäter der früheren Zeiten war; sie ergingen sich in Spekulationen, welche dieser früheren Persönlichkeiten er sein könnte. Es gibt keinerlei Hinweis, daß Reinkarnation als ungewöhnlich oder außerordentlich angesehen wurde; sie wurde ganz einfach für selbstverständlich gehalten, wobei der einzige strittige Punkt die Identität des Individuums war, das reinkarnierte.

Matthäus 14,1–2

Zu dieser Zeit hörte der Tetrarch Herodes, was man von Jesus erzählte. Er sagte zu seinem Gefolge: Das ist Johannes der Täufer. Er ist von den Toten auferstanden; deshalb wirken solche Kräfte in ihm.

Markus 6,14–16

Der König Herodes hörte von Jesus; denn sein Name war bekannt geworden, und man sagte: Johannes der Täufer ist von den Toten auferstanden; deshalb wirken solche Kräfte in ihm. Andere sagten: Er ist Elija. Wieder andere: Er ist ein Prophet, wie einer von den alten Propheten. Als aber Herodes von ihm hörte, sagte er: Johannes, den ich enthaupten ließ, ist auferstanden.

Lukas 9,7–9

Der Tetrarch Herodes hörte von allem, was geschah, und wußte nicht, was er davon halten sollte. Denn manche sagten: Johannes ist von den Toten auferstanden. Andere meinten: Elija ist wiedererschienen. Wieder andere: Einer der alten Propheten ist auferstanden. Herodes aber sagte: Johannes habe ich selbst enthaupten lassen. Wer ist dann dieser Mann, von dem man mir solche Dinge erzählt? Und er hatte den Wunsch, ihn einmal zu sehen.

Kommentar von J. M. Pryse (gekürzt)

Da Johannes enthauptet worden war, konnte Herodes kaum annehmen, daß er im selben Körper von den Toten auferstanden sei. Noch konnten die Menschen, die behaupteten, daß Jesus Johannes der Täufer sei, angenommen haben, daß Jesus eine Reinkarnation von Johannes sei; denn die beiden haben gleichzeitig gelebt, und die Gestalt Jesu konnte nicht mit der des Johannes verwechselt werden. Die unvermeidliche Schlußfolgerung daraus ist also, daß Herodes und andere es für möglich gehalten haben müssen, daß die Seele eines Toten diejenige eines noch lebenden Menschen ersetzen könne; mit anderen Worten, daß Seelen und Körper austauschbar seien.

Das Versprechen des Engels Gabriel an Zacharias lautete wie folgt:

Lukas 1,13–17
Deine Frau Elisabeth wird dir einen Sohn gebären; dem sollst du den Namen Johannes geben. Große Freude wird dich erfüllen, und auch viele andere werden sich über seine Geburt freuen. Denn er wird groß sein vor dem Herrn. Wein und andere berauschende Getränke wird er nicht trinken, und schon im Mutterleib wird er vom heiligen Geist erfüllt sein. Viele Israeliten wird er zum Herrn, ihrem Gott, bekehren. Er wird mit dem Geist und mit der Kraft des Elija dem Herrn vorangehen.

Kommentar von J. M. Pryse
Daß Johannes – in der Gegenwart Gottes – "im Geist und in der Kraft des Elija" war, kann keine andere Bedeutung haben, als daß das innere Selbst des Elija in Johannes inkarniert wurde.

Die Verkündigung des Jesus durch den Engel Gabriel an Maria ist folgende:

Lukas 1,31–33
Du wirst ein Kind empfangen, einen Sohn wirst du gebären: dem sollst du den Namen Jesus geben. Er wird groß sein und Sohn des Höchsten genannt werden. Gott, der

Herr, wird ihm den Thron seines Vaters David geben. Er wird über das Haus Jakob in Ewigkeit herrschen, und seine Herrschaft wird kein Ende haben.

Kommentar von J. M. Pryse (gekürzt)
In mystischen Schriften ist es ein übliches Sprachbild, auf einen Menschen als den "Sohn" einer seiner vorangegangenen Inkarnationen hinzuweisen, der sein "Vater" in dem Sinne ist, daß die Vergangenheit die Gegenwart hervorbringt.

Offenbarung 1,17–18
Ich bin der Erste und der Letzte und der Lebendige. Ich war tot, doch nun lebe ich in alle Ewigkeit, und ich habe die Schlüssel zum Tod und zur Unterwelt.

Offenbarung 22,16
Ich, Jesus, habe meinen Engel gesandt als Zeugen für das, was die Gemeinden betrifft. Ich bin die Wurzel und der Nachkomme Davids, der strahlende Morgenstern.

Kommentar von J. M. Pryse (gekürzt)
Das Bild könnte kaum deutlicher sein. Die "Wurzel" Davids ist das immerwährende Selbst, das vor dem Abstieg in die Zyklen oder Äonen der Menschwerdung der "Erste" war, der archetypische Mensch; dagegen ist der "Nachkomme" der "Letzte", der vollkommene Mensch, der triumphierend aus den Sphären des Werdens emporgestiegen ist, um mit vermehrtem Wissen und größerer Kraft in das Königreich des wahren Seins zurückzukehren.

Judenchristen und paulinische Christen

Die Vorstellung von der mehrmaligen leiblichen Wiedergeburt der Seele auf Erden war Bestandteil der frühchristlichen Glaubenslehre. Die Veränderung der ursprünglichen Lehre Jesu begann schon bald nach seiner Kreuzigung. Paulus (Anfang 1. Jh.-64 n. Chr.), der als Apostel gilt, obwohl er Jesus selbst nicht gekannt hatte, trug erst den Namen Saulus und war ein Gegner der Christen, bevor er sich der Überlieferung nach durch die Erscheinung des auferstandenen Jesus zum Christentum bekehrte. Nach ihm benannt ist das paulinische Christentum, aus dem die katholische und die orthodoxe Kirche entstanden sind. Die Christen, die er noch als Saulus zum jüdischen Glauben zurückbekehren wollte, waren die Judenchristen. Als solche bezeichnet wurden die Christen, die als Juden geboren waren – also auch Jesus selbst und seine Jünger. Das Judenchristentum war also das echte, ursprüngliche Christentum.

Origenes und die Arianer

Diesem in der Wahrheit nahe stand der bedeutende alexandrinische Kirchenlehrer Origenes (185-254). Bestandteile seiner Lehre waren die Vorstellungen von der Präexistenz der Seele – also deren vorirdischen Daseins im himmlischen Bereich – von der mehrmaligen leiblichen Wiedergeburt der Seele und von der Wiederherstellung aller Dinge – also der Vereinigung aller Seelen mit Gott in der Zukunft. Die meisten Schriften des Origenes wurden durch die paulinische Kirche vernichtet, einige durch Abänderungen der kirchlichen Dogmatik angepaßt.

In einem erhaltenen authentischen Zeugnis über sein Werk `Von den Prinzipien´ steht:

„Dabei wechselt das Geschöpf seinen Körper ebensooft, wie es seinen Wohnsitz beim Abstieg vom Himmel zur Erde wechselt." (I 5,3-4)

Von der Lehre des Origenes beeinflußt war der alexandrinische Priester Arius (um 260-336), der das arianische Christentum begründete.

Nach der offiziellen Anerkennung des Christentums im Römischen Reich durch Kaiser Konstantin (zw. 272 u. 285-337) bestand ein heftiger Streit zwischen den paulinischen und den arianischen Christen. Es ging dabei besonders um die Glaubensfrage nach dem Verhältnis zwischen Gott und Jesus Christus. Während die paulinischen Bischöfe der Meinung waren, Jesus Christus sei der eingeborene Sohn Gottes und diesem wesensgleich, waren Arius und seine Anhänger der Meinung, Jesus sei ein Mensch gewesen, der von Gott erschaffen worden ist und diesem daher wesensähnlich.

Um diesen Streit zu beenden und die Einigung auf eine einzige Glaubenslehre herbeizuführen, berief Konstantin im Jahr 325 das Konzil von Nicäa ein, an dem etwa 300 arianische und paulinische Bischöfe teilnahmen. Die paulinische Glaubensvorstellung wurde auf Druck Konstantins für verbindlich erklärt, die des Arius verworfen, er selbst und diejenigen seiner Anhänger, die nicht zustimmten, exkommuniziert. Obwohl Konstantin Arius wenige Jahre später die Rückkehr in die Christengemeinschaft ermöglichte und sich das arianische Christentum vorübergehend weiterverbreitete, änderte es nichts daran, daß mit dem Konzil von Nicäa die dogmatische paulinische Kirche bestätigt worden war.

Apokryphe und kanonische Evangelien

In der Folgezeit betrieben die Vertreter der paulinischen Kirche die systematische Vernichtung aller christlichen Lehren, die ihren Dogmen widersprachen. Darunter befanden sich eine Vielzahl von Evangelien, deren Zensur sogar schon früher stattgefunden hatte, als im dritten Jahrhundert die vier Evangelien nach Markus, Matthäus, Lukas und Johannes ins Neue Testament aufgenommen und alle übrigen verworfen worden waren. Die Evangelien der Maria Magdalena, des Philippos, des Thomas, des Judas und weitere konnten jedoch damals versteckt und so vor der Vernichtung bewahrt werden. Sie wurden im 19. und 20. Jahrhundert gefunden und erlangten als ˋApokryphe Evangelien´ (griech.: apokryph = verborgen) Bekanntheit. Diese Schriften, deren Echtheit wissenschaftlich erwiesen ist, zeigen ein neues Bild von wichtigen Personen und Ereignissen zur Zeit Jesu.

Aus dem Evangelium der Maria Magdalena geht hervor, daß Maria Magdalena im Mittelpunkt der Jesus-Bewegung stand, daß sie Jesus intellektmäßig am nächsten stand, daß sie die führende Rolle unter den Aposteln hatte, was Petrus mißfiel. Bekanntlich war sie die einzige von diesen, die Jesus bei der Kreuzigung nicht verließ. Und ihr soll er – den kanonischen Evangelien zufolge – drei Tage später zuerst erschienen sein, nicht den anderen.

Aus dem Evangelium des Judas geht hervor, daß Judas als einziger der Jünger Jesus wirklich verstand. Weil Jesus erkannt hatte, daß sein Märtyrertum seiner Botschaft mehr Beachtung verschaffen würde, erbat er den Dienst, ihn zu verraten, von Judas, seinem stärksten Jünger, den dieser dann nur auf Jesu Drängen schweren Herzens erwies.

Solche Evangelien wurden von der Kirche abgelehnt und als Häresie verworfen, weil sie dem kirchlichen Absolut- heits- und Machtanspruch entgegenstanden. In der von Männern dominierten Kirchen-Hierarchie durften Frauen keine hohen Ränge einnehmen. Papst Gregor I. ging sogar so weit, daß er Maria Magdalena in einer Predigt im Jahr 591 als Prostituierte diffamierte, obwohl es nie einen hi- storischen Beweis dafür gab. Und Judas mußte als negati- ve Symbolfigur des Judentums herhalten, um den früheren Antisemitismus der Kirche mit zu rechtfertigen.

Inzwischen jedoch wurden vonseiten der katholischen Kirche offiziell Fehler in der Vergangenheit zugegeben. So gab es 1969 eine Stellungnahme aus dem Vatikan, in der die Diffamierung Maria Magdalenas für falsch erklärt wurde. Und mit den gefundenen Evangelien konfrontiert, ließ der Vatikan verlauten, daß er deren Echtheit nicht anzweifele.

Die im Neuen Testament stehenden vier Evangelien nach Matthäus, Markus, Lukas und Johannes werden als kano- nische – den Rechtsbestimmungen der katholischen Kir- che gemäße – Evangelien bezeichnet. Aber wie glaubwür- dig sind sie? Die vier Evangelisten waren keine Zeitzeu- gen Jesu. Kirchenhistorikern zufolge wurden die ersten drei dieser Evangelien zwischen den Jahren 70 und 90 verfaßt. Das Johannes-Evangelium folgte vermutlich kurz darauf. Ihren Ausführungen lagen verschiedene Berichte zugrunde. Matthäus und Lukas verwendeten außerdem das Markus-Evangelium als Vorlage, das Johannes-Evangelium nimmt dagegen eine Sonderstellung ein.

Beim Vergleich der vier Evangelien fallen vom Anfang bis zum Schluß Abweichungen und Widersprüche auf. Die Evangelisten wollten vorrangig keinen Historienbericht verfassen, sondern eine Botschaft verbreiten. Zugegebenermaßen ist diese `Frohe Botschaft´ (lat.: Evangelium) in ihrem Sinngehalt gesamt in den vier Evangelien überwiegend gleich.

Für Veränderungen der ursprünglichen zumeist in griechischer Sprache verfaßten Bibeltexte verantwortlich war Hieronymus, der im Jahr 383 von Papst Damasus I. den Auftrag erhielt, einen einheitlichen lateinischen Bibeltext zu erstellen. Es entstand die Vulgata – die lateinische Bibel. Hieronymus hatte einen Teil der Textgrundlagen durch Abänderungen der kirchlichen Dogmatik angepaßt.

Zwischen den Zeilen sind jedoch die Inhalte der abgelehnten Glaubensbestandteile erhalten geblieben, wie die Bibeltextstellen, die in den Bibelanalysen von James Morgan Pryse vorgestellt sind, zeigen.

Die apokryphen Evangelien werden den frühchristlichen gnostischen Schriften zugeordnet.

Anmerkung

Das Alte Testament, als jüdisches Religionswerk, ist von der Kirche unbeeinflußt geblieben.

Eine Textstelle darin mit direkter Bezugnahme zur Präexistenz der Seele, deren Vorstellung eng verbunden ist mit der Vorstellung von der Wiedergeburt, steht im Buch

`Weisheit´, in der Salomo folgendes über sich selbst feststellt:

Ich war ein begabtes Kind und hatte eine gut veranlagte Seele erhalten, oder richtiger: Da ich gut war, kam ich in einen unverdorbenen Leib. (8,19)

Die christlichen Gnostiker

`Gnosis´ (griech.) heißt Erkenntnis und ist zuerst und zuletzt die Einsicht in das eigene Selbst.

Gnostiker waren Intellektuelle und vertraten den Standpunkt, daß nicht der Glaube, sondern das Wissen die Rettung bringt.

Als Gründer oder zumindest als Vorläufer der christlich-gnostischen Bewegung gilt Simon von Gittai, der bereits um das Jahr 40 wirkte. Die bedeutenden Gnostiker Basilides und Valentinos lehrten in der ersten Hälfte des zweiten Jahrhunderts. In vielen Städten des römischen Weltreichs bestanden neben den paulinisch-christlichen Gemeinden gnostisch-christliche mit ihren eigenen Bischöfen. Die gnostischen Lehren unterschieden sich gravierend von den Meinungen der paulinischen Kirchenvertreter. So waren die Gnostiker der Annahme, der im Alten Testament gemeinte Gott sei nicht derselbe wie der Gott des Neuen Testaments; dieser stehe höher als jener.

Nach der Emanationslehre des valentinianischen Systems ist das Universum aus einem unfaßbaren ewigen Urgrund – auch Vorvater genannt – durch Vereinigung mit der mit ihm existenten Gedankin – auch Stille genannt – hervorgegangen. So sind göttliche Prinzipien erschaffen worden: Sinn – der Anfang und Vater des Universums – und Wahrheit, aus diesen Wort und Leben, aus diesen Mensch und Gemeinde. Und noch weitere Äonen sind erschaffen worden.

In der gnostischen Vorstellung sind Funken des göttlichen Wesens in die materielle Welt gefallen. Dadurch kann der Mensch auf Erden das göttliche Element in sich wiedererwecken und in seine Heimat, den spirituellen Bereich, zurückkehren.

Die Wiedergeburtsvorstellung ist fester Bestandteil der christlich-gnostischen Lehre.

Nach den gnostischen Schriften durchlaufen die Seelen jede Lebensweise. Dadurch haben sie beim letzten Tod in nichts mehr Mangel. Die Seelen sollen darauf hinarbeiten, sich von dem Zwang zur Wiederverkörperung zu befreien.

Jesus soll daher folgende Parabel erzählt haben:

„Wenn du mit deinem Rechtsgegner unterwegs bist, so beeile dich, daß du dich von ihm freikaufest, auf daß er dich nicht vor den Richter schleppe und der dich dem Pedell übergibt, welcher dich ins Gefängnis wirft. Amen. Ich sage dir, du wirst nicht mehr herauskommen, es sei denn, du hättest den letzten Heller bezahlt."

Mit Rechtsgegner ist Satan gemeint, der als Engel dazu geschaffen ist, die verstorbenen Seelen dem Weltfürsten zuzuführen. Dieser ist der erste der Weltschöpfer und übergibt solche Seelen einem anderen Engel, damit der sie wiederum in Körper einschließt. Die gnostische Auslegung des Jesus-Zitats besagt weiter, daß der Körper das Gefängnis ist und aus der Macht der Engel, die die Welt schufen, nicht herauszukommen ist, ehe die Seele sich von der letzten Schuld befreit hat. Bis dahin und bis sie bei allem Tun auf der Welt dabei war, wird die Seele jedesmal wiedereingekörpert. Erst wenn sie alles erfüllt hat, steigt die nun befreite Seele auf zu dem Gott, der über den Weltschöpferengeln ist. So wird sie gerettet. Alle Seelen werden befreit, egal ob sie sich in einem einzigen Leben auf alles Tun eingelassen haben, oder ob sie von Körper zu Körper weiterwandern und in jeder Art leben, um die Schuld zu begleichen.

Auf eine Verbindung zwischen gnostischer und orphischer Seelenlehre weist folgende Selbstvorstellungsformel hin, wie sie von Epiphanius im Evangelium des Philippus überliefert ist:

Der Herr hat mir geoffenbart, was die Seele sagen muß, wenn sie in den Himmel aufsteigt, und wie sie einer jeden der oberen Mächte antworten muß, nämlich folgendermaßen: „Ich habe mich selbst erkannt und habe mich selbst von überall her gesammelt; ich habe keine Kinder für den Archonten gesät, sondern habe seine Wurzeln ausgerissen und habe die zerstreuten Glieder gesammelt; und ich weiß, wer du bist. Denn ich gehöre zu denen von oben." Und so wird sie freigelassen. Wenn es sich aber findet, daß sie einen Sohn geboren hat, wird sie unten festgehalten, bis sie imstande ist, ihre eigenen Kinder aufzunehmen und zu sich zu kehren.

Anmerkung

Interessant ist bei dieser Selbstvorstellungsformel, außer dem Teil, der an einen Text der orphischen Goldplättchen erinnert, die Erklärung, daß die Seele, um die Wiedergeburtenfolge abzuschließen, keine Kinder in die Welt setzen darf, oder, wenn dies der Fall ist, sie bewirken muß, daß ihre Kinder die Vollkommenheit erlangen.

Es folgt ein Auszug der Geheimschrift des Johannes:

Ich aber sprach: „Christus, ist es so, daß die Seele in sich zusammenfällt und wieder in die Natur der Mutter oder des Menschen hineingeht?" Als ich ihn so fragte, freute er sich und sprach: „Du bist selig zum Verstehen. Ja, sie werden einem anderen gegeben, in dem der Geist des Lebens ist, auf daß der nachfolge. Und wenn sie durch den hört, wird sie gerettet. In ein anderes Fleisch geht sie freilich nicht ein."

Für die Gnostiker ist Jesus ein einfacher Mensch gewesen, der seine Tugendhaftigkeit in höherem Maße entwickelt hatte als die übrigen Menschen. Und so ist er von dem geistigen Christus-Prinzip – gewissermaßen seinem höheren Selbst – erfüllt gewesen. Dies können alle Menschen, die es wirklich wollen, erreichen.

In der gnostischen Gemeinschaft waren die Frauen den Männern gleichgestellt; es wurde auch Frauen der Vorsitz beim Abendmahl eingeräumt.

Nach der Erhebung des Christentums zur Staatsreligion durch den oströmischen Kaiser Theodosius I. (345-395) setzte der Niedergang der christlich-gnostischen Gemeinden ein. Ihre Mitglieder wurden der Häresie bezichtigt, verfolgt oder vertrieben, ihre Schriften vernichtet oder zu vernichten versucht.

Anmerkung

Intoleranz und Aggression der Kirche richteten sich nicht nur gegen andere christliche Gemeinschaften, sondern auch gegen die Angehörigen der alten Religionen und die Anhänger der griechisch-römischen Philosophie.

Zwei tragische Ereignisse machen dies besonders deutlich: der Lynchmord an Hypatia (370-415), der hellenischen Astronomin, Mathematikerin und neuplatonischen Philosophin, in Alexandria durch einen christlichen Mob, der von Patriarch Kyrill I. (posthum heilig gesprochen und zum Kirchenvater erklärt) aufgehetzt wurde und die Schließung der von Platon gegründeten Akademie in Athen durch Kaiser Justinian im Jahre 529, welche mit der Gründung des ersten Klosters im Abendland auf dem Monte Cassino im selben Jahr die symbolische Wende von der Antike zum Mittelalter bezeichnet.

Zum Vergleich hat sich das arianische Christentum, das ebenfalls von der Kirche der Häresie bezichtigt wurde, in einigen Gebieten des Römischen Reiches länger gehalten. So nahmen einige Germanenvölker, wie Goten, Vandalen und Langobarden, die zum Christentum konvertierten, den arianischen Glauben an, bis durch den Einfluß der Franken ab dem sechsten Jahrhundert fast alle von ihnen zum Katholizismus übertraten.

Glaubensinhalte der christlich-gnostischen Lehre wurden vom Manichäismus – der von Mani (216-277) aus Babylonien begründeten Religion – übernommen und verschmolzen mit dem Zoroastrismus – der von Zarathustra im 6. oder 5. vorchristlichen Jahrhundert in Persien begründeten Lichtreligion. Der Manichäismus verbreitete sich im 3. und 4. Jahrhundert östlich bis nach Indien und westlich bis nach Spanien.

Die Lehre der Katharer soll vom Manichäismus beeinflußt gewesen sein.

Die Katharer

Die Katharer (griech.: katharoi = die Reinen) waren im Mittelalter eine große christliche Glaubensgemeinschaft, die von der katholischen Kirche der Häresie bezichtigt wurde.

Zwischen dem 12. und 13. Jahrhundert lebten die Katharer überwiegend in Südfrankreich und Oberitalien in Akzeptanz durch die gemäßigt katholischen adeligen Machthaber, von denen manche den katharischen Glauben angenommen hatten. Zwar gab es unter den Gemeinden einige voneinander abweichende Glaubensströmungen, in den Grundlagen jedoch stimmten sie überein.

Wichtiger Bestandteil der Lehre der Katharer ist der Dualismus. Gott als gutem Prinzip, als Schöpfer alles Geistigen steht das böse Prinzip, das alles Materielle erschaffen hat, gegenüber. Welt und Schöpfung sind deshalb jeweils zweigeteilt. Dem guten Prinzip ist das böse Prinzip dabei untergeordnet. Es ist gewissermaßen bei der Schöpfung als Nebeneffekt entstanden.

Die Seelen der Menschen waren einst Seelen von Engeln, die von Satan, der Ausformung des bösen Prinzips, durch Versprechungen verführt wurden und so vom Himmel auf die Erde fielen. Von Satan in Körper gesteckt, um die Erinnerung an den Himmel zu verlieren, überwiegt im Menschen dennoch sein göttlicher Anteil. Denn zur Seele kommt der Geist hinzu, der schon vor seinem Fall des Engels war. Weil Gott die gefallenen Engel retten will, hat er Jesus Christus gesandt, um ihnen den Weg zur Erlösung zu zeigen.

Jesus Christus wird als reiner Engel eingestuft, aber auch abweichend als Emanation Gottes – also Gott selbst in einer Entäußerungsform. Deshalb lehnen die Katharer die Auffassung vom Kreuzestod ab.

Eine Hölle gibt es nicht. Die irdische Existenz ist schon die Strafe. Es gilt, sich durch die Lebensführung vom Einfluß des Bösen zu befreien. Weil dazu ein begrenztes menschliches Leben nicht ausreichen mag, wird die Seele so lange auf Erden wiederverkörpert, bis sie ihre Rückerinnerung erlangt und ihre Reinigung vollzogen hat. Die so in ihrer Ganzheitlichkeit wiederhergestellte Seele bleibt nach dem leiblichen Tod im irdischen Paradies bis zum Tage des Gerichts am Ende der Welt. Dann steigt die Seele ins himmlische Paradies auf.

In den Lehren der Katharer bestehen zwei unterschiedliche Vorstellungen vom Fortbestand der Welt. In der einen Vorstellung besteht die Welt so lange fort, bis alle Menschen im wahren Sinne gut geworden sind. Die materielle Welt wird dann durch Feuer und Schwefel vernichtet. Auch das Böse, das sich nur in der Materie ausformen kann, fällt ins Nichtsein zurück. Allein das gute Prinzip mitsamt seiner geistigen Schöpfung besteht ewig weiter.

In der anderen Vorstellung besteht die Welt ewig fort und der Konflikt zwischen Gut und Böse endet nie.

Die Gemeinden der Katharer bestanden aus den Consolierten – überwiegend Geistliche, die das Consolamentum, die Geisttaufe, durch die die Vereinigung der Seele mit dem im Himmel gebliebenen Engelsgeist erfolgen sollte, empfangen haben – und den Credentes – den normalen Menschen der Bevölkerung. Die Consolierten waren einer reinen und enthaltsamen Lebensführung verpflichtet. Sie verzichteten auf den Verzehr von Speisen, die durch Zeugung entstanden waren, fasteten regelmäßig und verzichteten auf sexuelle Betätigung. Sie waren Vorbilder für die Credentes, die zu dieser Enthaltsamkeit nicht verpflichtet waren, jedoch die Predigten anhörten und teilweise die Riten mitfeierten. In der Regel empfingen die Credentes erst beim Sterbeprozeß das Consolamentum.

Ranghöchste in den Gemeinden waren die Bischöfe, die als Älteste galten. Den Diakonen oblagen die Pfarrseelsorge und die disziplinarische Gewalt. In Hospizen wurde der Nachwuchs theologisch geschult. Gemeindeübergreifende Instanz war das Konzil – die Versammlung aller guten Christinnen und Christen, wie sich die Katharer selbst auch nannten. Die Gleichberechtigung von Frauen und Männern war bei den Katharern durch die Doktrin der geschlechtlichen Neutralität der Seelen begründet.

Die Katharer verstanden ihre Gemeinschaft als eigenständige Kirche. Ihre Kritik an der katholischen Kirche in Rom war radikal. Sie sprachen dieser sowohl die apostolische als auch jegliche Heilslegitimation ab. Sie lehnten Prunk und Pomp des Klerus ab.

Die katholische Kirche ihrerseits diffamierte die Katharer als Teufelsanbeter und kannte in ihrer Hetzpropaganda keine Grenzen. Es kam so weit, daß Papst Innozens III. zum ersten innerchristlichen Kreuzzug aufrief, der gegen die Albigenser – die Katharer in Südfrankreich – unternommen wurde und von 1209 bis 1229 andauerte. Da die adeligen Herrscher des Landes und der katholische Teil der Bevölkerung die Katharer akzeptierten, richtete sich der Kreuzzug gegen ganze Fürstentümer und Grafschaften. Die südfranzösischen Streitkräfte wurden besiegt, ein Großteil der Katharer ausgerottet, die blühende Kultur Südfrankreichs zerstört. Weil die überlebenden Katharer ihre Religion danach im Verborgenen ausübten und sie weiterhin Zulauf durch die Bevölkerung hatten, wurde die Inquisition eingerichtet und landesweit eingesetzt. Als die Bergfestung Montségur 1244 fiel, endete der Einfluß der Albigenser. Abgelegen in den Pyrenäen konnten sich die Katharer bis etwa 1330, in Nordwestitalien und auf Sizilien bis etwa 1412 halten.

Eine heutige theologische Stellungnahme vonseiten der katholischen Kirche zu den Katharern ist in der `Theologischen Realenzyklopädie´ von 1989 enthalten und lautet:

Die Christlichkeit ihres Lebens, aber auch ihres Glaubens, ist an allen Punkten nachweisbar.
Vor allem die jüngere französische Forschung (Nelly, Duvernoy) beweist, daß die Wertung der Katharer als „unchristlich" nicht mehr aufrechterhalten werden kann.

Jesus – seine möglichen Aufenthalte in Indien und sein mögliches Überleben der Kreuzigung

Das Leben von Jesus ist bis auf die Zeit zwischen seinem 13. und seinem 32. Lebensjahr von den christlichen Chronisten überliefert. Es heißt, daß er mit zwölf Jahren klüger als die jüdischen Schriftgelehrten war. Danach verliert sich seine Spur. Erst rund zwei Jahrzehnte später erlangte er als Wanderprediger in Israel wieder Aufmerksamkeit.

Wahrscheinlich hat Jesus sich in dieser Zeit nicht in Israel aufgehalten. Schon seine Zeitgenossen brachten ihn mit Indien in Verbindung. Regelmäßig pendelten Handelskarawanen auf der Seidenstraße zwischen Israel und Indien. In Srinagar, der Hauptstadt der nordindischen Provinz Kaschmir, gab es damals ein großes jüdisches Siedlungsgebiet. Es bestand also eine kulturelle Beziehung beider Völker. Noch heute tragen dort viele Orte biblische Namen. So bezeichnen die Einheimischen den hinduistischen Shankracharia-Tempel als Thron Salomons.

In Ladakh im Himalaya, der nördlichsten Provinz Indiens, die auch Klein-Tibet genannt wird, hat der russische Forscher Nicolas Notovitch 1887 angeblich einen bedeutenden Fund gemacht. Im Kloster Hemis hatte er von dem Klostervorsteher ein heiliges buddhistisches Buch gezeigt bekommen, in dem geschrieben stand: Jesus ist als 14jähriger mit einer Handelskarawane nach Nordindien gekommen, er lebte bei Brahmanen und anderen Gelehrten, lernte böse Geister auszutreiben und mit Gebeten zu heilen; schließlich begegnete er Anhängern von Buddha und machte sich mit den Erkenntnissen des Erleuchteten vertraut. Nach zwölf Jahren kehrte Jesus in die Heimat zurück.

Die buddhistische Schrift ist verschollen. In einem Brief von 1995 schreibt der damalige Leiter des Klosters, daß viele Mönche von der Schrift gehört haben und, da man aber nach einem Buch wie der Bibel suchte anstatt nach einem tibetischen Manuskript, es möglich ist, daß sich die Schrift noch immer in Hemis befindet.

Auffallend ist, daß der Schutzpatron von Hemis ein Magier ist, der dem Glauben nach durch die Luft fliegen und über das Wasser gehen konnte – eine Fähigkeit, die auch Jesus zugeschrieben wurde.

Die Mönche berichteten Notovitch von uralten Texten über das Leben eines Heiligen namens Isha, der einst durch diese Gegend kam. In mehreren asiatischen Sprachen heißt Jesus Isha.

Der indische Historiker Professor Fida Hassnain aus Srinagar bekräftigt die These, daß Jesus in Indien weilte, mit einer alten Schrift. Darin steht, daß Jesus nach Kaschmir kam und sich dem König als Isha Puthram – Gottes Sohn – vorstellte. Dem Volksglauben nach pilgerte Jesus wegen der jüdischen Gemeinde nach Kaschmir. Bei einem Guru der Natha-Yogis soll er extreme Yogapraktiken erlernt haben. Dadurch hätte Jesus die Kreuzigung überleben können, was indische Experten für vorstellbar halten. Indischen Legenden nach liegt sein Leichnam sogar in Srinagar begraben.

Erhaltenen antiken römischen Dokumenten zufolge kam es zwar selten, aber durchaus vor, daß Verurteilte die Kreuzigung überlebten.

Da Jesus offenbar besondere Kräfte hatte, konnte er die Kreuzigung sogar sicher überleben, indem er durch extreme Meditation seine Körperfunktionen kontrolliert hat.

Hinzu kommt, daß Jesus ohnehin nicht lange am Kreuz hing. Mittags wurde er am Kreuz befestigt und abends heruntergeholt.

Josef aus Arimathäa, der mit Jesus befreundet und ein hochgeachtetes Ratsmitglied war, ging, dem Evangelium nach Markus zufolge, am Abend des Tages der Kreuzigung zu Pontius Pilatus, dem römischen Statthalter, der übrigens Jesus nicht verurteilen wollte und nur dem Drängen der jüdischen Priester und der Volksmenge nachgab, und bat ihn, den Leichnam Jesu für das Begräbnis mitnehmen zu dürfen, weil der nächste Tag ein Sabbat war, damit dieser nicht entweiht würde. Üblicherweise hingen die Gekreuzigten länger als einen Tag. Pilatus war erstaunt und fragte den römischen Hauptmann, der die Aufsicht bei der Kreuzigung hatte, ob Jesus tot sei, was dieser bestätigte. Interessanterweise soll dieser Hauptmann, als er vor Jesus am Kreuz stand, gesagt haben: „Dieser Mann war wirklich Gottes Sohn!" Offenbar war der Hauptmann Jesus zugeneigt, also hätte er vermutlich dessen Tod auch dann bestätigt, wenn er gewußt hätte, daß dies nicht der Fall war. Pilatus gewährte Josef die Bitte.

Die leere Grabkammer läßt den logischen Schluß zu, daß Jesus die Grabkammer lebendig verlassen hat, mithilfe seiner Freunde.

Das Judas-Evangelium kann als Bestätigung für die Annahme, daß Jesus die Kreuzigung überlebt hat, hinzugenommen werden, weil daraus hervorgeht, daß Jesus seine Verhaftung selbst geplant hatte, um durch die Kreuzigung zum Märtyrer zu werden, damit seiner Botschaft in Anbetracht der Botschaften mehrerer weiterer wundertätigen Prediger seiner Zeit mehr Beachtung zuteil werden würde. Seine letzten Worte am Kreuz nach Johannes passen zu dieser Annahme, die – im Konträr dazu, wie es bei Markus und Matthäus heißt: „Mein Gott, mein Gott, warum hast du mich verlassen?" – lauten: „Jetzt ist alles vollendet."

Als weitere Bestätigung dafür, daß Jesus die Kreuzigung überlebt hat, ist seine in den Evangelien des Neuen Testaments beschriebene Begegnung mit Maria Magdalena am Sonntag nach der Kreuzigung und sein Besuch bei den versammelten Jüngern am selben Tag auslegbar. Zwar ist Jesus den Schilderungen der Evangelisten zufolge vom Tode auferstanden, aber das ist nur symbolisch zu verstehen vernünftig.

Wahrscheinlich hat er anschließend Israel verlassen und ist wieder nach Indien gezogen. Maria Magdalena soll einer Legende zufolge nach Gallien ins heutige Südfrankreich gezogen sein. Vielleicht ist sie auch mit Jesus nach Indien gezogen.

Übrigens heißt es in frühen christlichen Legenden, daß der Apostel Thomas, der als der Zwillingsbruder von Jesus bezeichnet wurde, nach Indien zog und im Jahr 52 die christliche Lehre im Süden des Landes verbreitete. In der nach ihm benannten Kathedrale in Madras sind seine Reliquien aufbewahrt.

Ein weiteres biblisches Beispiel dafür, daß Jesus die Wiedergeburt als wahr angenommen hat, steht im Evangelium nach Johannes:

Das Neue Testament (Martin Luthers Übersetzung)
Johannes 3,4-7

Nikodemus spricht zu ihm: Wie kann ein Mensch geboren werden, wenn er alt ist? Kann er denn wieder in seiner Mutter Leib gehen und geboren werden?
Jesus antwortete: Wahrlich, wahrlich, ich sage dir: Es sei denn, daß jemand geboren werde aus Wasser und Geist, so kann er nicht in das Reich Gottes kommen.
Was vom Fleisch geboren ist, das ist Fleisch; und was vom Geist geboren ist, das ist Geist.
Wundere dich nicht, daß ich dir gesagt habe: Ihr müßt von neuem geboren werden.

Anmerkung

In der christlichen Theologie wird dieser Textabschnitt so interpretiert, daß Jesus nur eine geistige Wiedergeburt meint – eine geistige Erneuerung. Dem halte ich entgegen, daß Jesus die unmißverständliche Frage des Nikodemus, ob leibliche Wiedergeburt möglich ist, mit Nachdruck bejaht. In der Einheitsübersetzung übrigens antwortet Jesus auf die Frage des Nikodemus mit „Amen, amen, ...“ Und das hebräische Wort `Amen´ heißt `Ja, gewiß´.

Jesus spricht zwar auch von der geistigen Wiedergeburt, allerdings als Erfordernis dafür, die leibliche Wiedergeburt zu vermeiden, wie aus dem Kontext hervorgeht.

7. Kapitel

Orientalische Religionen

In den beiden Hauptrichtungen des Islam: Sunnitentum und Schiitentum besteht nur der Glauben an die einmalige Existenz des Menschen auf Erden bei anschließender Einkehr in Himmel oder Hölle. Die Vorstellung der Reinkarnation wird als Häresie – Ketzerei – verworfen.

Dies gilt jedoch nicht für die islamische Mystik – den Sufismus oder Tasawwuf. Auch kleinere Glaubensgemeinschaften im Islam: Aleviten und Alawiten oder die diesem kulturell nahestehen: Drusen und Jesiden bejahen die Reinkarnation, die Bestandteil ihrer religiösen Lehren ist.

Sufismus

Sufismus ist die Bezeichnung für mehrere mystische Strömungen im Islam, die ab dessen Anfangszeit entstanden sind. Die Sufis sind in Ordensgemeinschaften – Tariqas – organisiert, die über die islamischen Länder verteilt sind und größtenteils dem Sunnitentum oder dem Schiitentum angehören. Es bestehen auch Sufiorden, die beiden Richtungen und solche, die keiner davon zugeordnet werden können, die für einen universellen Sufismus stehen.

Die Mitglieder der Sufiorden leben zumeist nicht zölibatär und auch nicht in geschlossenen Klöstern. Sie praktizieren ihren Glauben im Alltag und halten einmal wöchentlich Zusammenkünfte ab. Spirituelle Meister, Scheichs genannt, leiten sie an.

Von einzelnen umherziehenden Asketen begründet, zeichnet sich der Sufismus im allgemeinen durch seine philosophische Spiritualität und darauf basierend seine Akzeptanz anderer Religionen aus. Für Sufisten, sofern sie nicht Anhänger der Scharia – der islamischen Rechtsprechung – in deren strengeren Anwendung sind, wohnt allen Religionen der gleiche göttliche Kern inne.

Mittelpunkt der sufistischen Lehre ist die Liebe zu Gott. Die Liebe selbst ist durch die Verteilung der göttlichen Essenz im Universum wahrnehmbar. Das höchste Ziel im Sufismus ist die Vereinigung mit Gott, die schon im irdischen Leben zu erreichen angestrebt wird durch das Loslösen von materiellen Anhaftungen, die Beherrschung der Triebe und die Umwandlung von negativen Eigenschaften in positive. Wichtigstes Mittel dazu ist die regelmäßige Meditation – Dhikr: Gedenken an Gott – die bei fortgeschrittenen Sufis optimalerweise auch während der alltäglichen Beschäftigungen im Herzen ständig weiterstattfinden soll.

Eine spezielle Form der Meditation ist der Tanz der Derwische (persisches Wort für Sufis). Vor allem von den Mitgliedern des in der Türkei ansässigen Mevlevi-Ordens praktiziert, drehen sich die Tänzer zu Flötenmusik im Kreis, die rechte Handfläche nach oben gerichtet, um symbolisch den Segen Gottes zu empfangen, die linke Handfläche nach unten gerichtet, um ihn symbolisch in der Welt zu verteilen.

In sufistischer Vorstellung ist in jedem Menschen ein göttlicher Funke enthalten, der im tiefsten Herzen verborgen ist. Sinn des Lebens ist es, diesen Funken zu entfachen und zur göttlichen Flamme werden zu lassen.

Im Sufismus besteht der Glauben an die Reinkarnation, deren Sinn die stufenweise Vervollkommnung der Seele ist.

Im Buch `Mathnawi´ des persischen Dichters und Sufimeisters Dschalal ad-Din ar-Rumi (1207–1273), auf dessen Lehre der Mevlevi-Derwischorden begründet ist, steht folgendes Gedicht:

„Ich starb als Mineral und wurde Pflanze,
Ich starb als Pflanze und wurde Tier,
Ich starb als Tier und wurde Mensch.
Warum soll ich mich fürchten?
Wann wurd ich weniger durch einen Tod?
Noch einmal werd ich sterben als ein Mensch,
Nur um dann aufzusteigen mit der Engel Segen.
Doch auch vom Engelsdasein muß ich weitergehen…“

Der Sufismus befindet sich spirituell in nächster Nähe zum einstigen gnostischen Christentum und zum Kabbalismus im Judentum.

Wegen ihrer überreligiösen Spiritualität werden die Sufisten auch in heutiger Zeit von den Fundamentalisten und Extremisten der Häresie bezichtigt.

In Saudi-Arabien seit Jahrzehnten unterdrückt, sind die Sufisten im Iran wegen des regen Zulaufs junger Menschen seit Mitte der 2000er Jahre massiver Unterdrückung durch die Regierung ausgesetzt und in Pakistan fanden seit etwa der gleichen Zeit mehrere Terroranschläge auf vielbesuchte sufistische Heiligtümer statt.

In südosteuropäischen Ländern und in der Türkei ist der Sufismus geachtet, und in einigen westafrikanischen Ländern sind große Bevölkerungsteile sufistisch.

International genießt der Sufismus hohe Wertschätzung. Der Tanz der Derwische des Mevlevi-Ordens wurde im Jahr 2005 in die UNESCO-Liste der `Meisterwerke des mündlichen und immateriellen Erbes der Menschheit´ aufgenommen.

Alevitentum

Die Aleviten sind eine Religionsgemeinschaft in der Türkei, der etwa 15 Prozent der Bevölkerung angehören. Auch in Deutschland und Österreich leben viele Aleviten.

Lebensweise und Glauben der Aleviten sind außergewöhnlich im islamischen Kulturraum.

Die zentrale religiöse Persönlichkeit ist Ali (600-661), der Vetter und Schwiegersohn Mohammeds (570-632). Beide entstammen einem Mythos zufolge demselben Lichtpartikel Gottes. Als Engelwesen in menschlicher Gestalt übertrug Mohammed sein gesamtes Wissen auf Ali, der so zum `Sprechenden Koran´ wurde.

Von besonderer Bedeutung für die Aleviten ist die Wegbruderschaft, bei der zwei Ehepaare gleichen sozialen

Standes einen Treuebund fürs Leben miteinander eingehen. Der alevitische Glaube hebt sich wesentlich vom sunnitischen und schiitischen Islam ab. Von den fünf Säulen des Islam – dem Glaubensbekenntnis, dem Almosenspenden, den fünf täglichen Pflichtgebeten, dem einmonatigen Fasten im Ramadan und der einmal im Leben zu unternehmenden Pilgerfahrt nach Mekka – erkennen die Aleviten nur die ersten beiden an. Wie das Gebet soll auch das Fasten freiwillig praktiziert werden. Die Aleviten lehnen die Scharia – die islamische Rechtsprechung – ab. Die Frauen sind den Männern gleichgestellt, nehmen gemeinsam mit ihnen an Versammlungen teil und müssen sich nicht verhüllen. Sexualität ist positiv bewertet, Musik und Tanz sowie Alkoholkonsum sind erlaubt.

Der Osman-Koran hat für sie keine richtige Bedeutung, weil alevitische Gelehrte der Annahme sind, daß die wahre Lehre Mohammeds nach dem Tod Alis von Kalif Osman bei der Bearbeitung des Korans reduziert und verändert wurde, um den Omayyaden-Kalifen Omar, Abubakr und eben Osman eine Legitimation zur Unterdrückung und Ausbeutung des Volkes und für Eroberungskriege zu schaffen.

Es ist naheliegend, daß Aleviten mit einer solchen Annahme und ihrer Einstellung insgesamt für islamische Fundamentalisten als Ungläubige, als Häretiker gelten und in der Vergangenheit mehrfach Verfolgungen ausgesetzt waren.

Da wichtige Aufzeichnungen vernichtet wurden, gibt es unter den Aleviten zwei Theorien über ihre Herkunft. Der ersten Theorie zufolge ist das Alevitentum aus dem antiken Zoroastrismus, der von Zarathustra in Persien begründeten Religion, entstanden. Laut der zweiten Theorie hat sich das Alevitentum aus dem Zwölfer-Schiismus gebildet und wird als Reformierungsbewegung des Islam verstanden. Fest steht, daß der Alevismus und der Bektasismus ineinander übergingen. Ali Bektas (1248-1337) war ein sufistischer Gelehrter, dem Wunderkräfte zugeschrieben wurden, der eine große Schülerzahl versammelte, die seine Lehre in Anatolien verbreitete. Er schaffte die Scharia ab, setzte an ihre Stelle alttürkische Sozialregeln und Kultpraktiken. Der nach ihm benannte Bektasismus hat seinen Ursprung im alttürkischen Schamanismus und besteht mit dem sufistischen Bektashi-Orden weiter, der in heutiger Zeit vor allem in Südosteuropa verbreitet ist.

Das Alevitentum soll einen Teil der Gemeinschaft der Gnostiker vor der Verfolgung durch die Kirche gerettet und den Platonismus beziehungsweise den Neoplatonismus in seinem Gedankengut aufgenommen haben.

In alevitischer Vorstellung ist die Natur, das Universum die sichtbare Gestalt Gottes. Gott ist im Menschen selbst; deshalb verfügt der Mensch über Denkkraft, Willenskraft, Tatkraft, Freiheitlichkeit. Das wahre Gebet ist folglich Nachsinnen über sich selbst. Insbesondere manifestiert sich Gott im Übermenschen, im Vollkommenen Menschen. Ali ist der Prototyp; es kann auch ein anderer sein.

Zyklen von Seinsformen treten von Gott aus und kehren zu ihm zurück. Im ersten Zustand als Urgott hat Gott eine für den Menschen nicht vorstellbare Identität. Er ist sich seiner selbst nicht bewußt und möchte die unendlich vielen Fähigkeiten, Kräfte, Denkformen, die in ihm ruhen, kennenlernen. Dazu sind Entäußerungen, Entfremdungen notwendig. Im zweiten Zustand hat Gott ein einheitliches

Wesen entwickelt und enthält die Fülle zur Erschaffung des Universums mit allen geistigen und materiellen Formen in sich. Sein Name ist Hak, definiert als die Reale Existenz, die Wahrheit, die Wirklichkeit. Hak erzeugt den Urlogos als dritte Stufe. Der Urlogos, genannt die Erste Intelligenz, ist der Weltbaumeister – das Licht Gottes – und enthält den menschlichen Urlogos. Aus dieser Ersten Intelligenz entstehen die Neun Intelligenzen, aus diesen die Neun Seelen, aus diesen die Neun Sphären, aus diesen die Vier Urbedingungen, aus diesen die Vier Urkräfte, aus diesen die Materie. Dieser Emanationszyklus bedeutet auf jeder Stufe eine weitere Entäußerung von Hak bis zur untersten Stufe, der Materie, die ihm völlig fremd ist, obgleich das Universum die sichtbare Gestalt Gottes ist. Um diese wahrzunehmen, also gewissermaßen in einen Spiegel zu schauen, ist für Hak ein aufwärts gerichteter Zyklus nötig. Aus der Urmaterie differenziert sich der Bereich der Minerale, aus diesem der Bereich der Pflanzen, aus diesem der Bereich der Tiere, aus diesem der Bereich der Menschen: der Normalmensch und aus diesem der Vollkommene Mensch. Nur dieser kann bei seiner Rückkehr zu Hak sein gewonnenes Wissen in Hak einbringen, damit Hak seine Entäußerungsformen kennenlernt und so Wissen über sich selbst gewinnt. Im Vollkommenen Menschen gewinnt Gott in diesem Universum die höchste Form des Selbstbewußtseins, schaut sich selbst.

Die Seelen der geistig und moralisch deformierten Menschen haben sich für Hak als unbrauchbar erwiesen und verbleiben nach dem Tode irgendwo im Weltall bis zu dem Zeitpunkt, an dem das Weltall in einem riesigen Feuerbrand vernichtet wird. Paradies und Hölle gibt es im herkömmlich verstandenen Sinne nicht. Gemeint sind damit die spirituellen Zustände der Seelen nach dem Tode.

Die Seele des Durchschnittsmenschen kann nach dem Tode als Geistwesen, das von Menschen Besitz ergreifen kann, auf der Erde bleiben oder im Körper eines Tieres oder eines anderen Menschen wiedergeboren werden. Der Sinn des menschlichen Daseins ist es, sich im Laufe der Wiedergeburten zum Vollkommenen Menschen zu entwickeln, um die Einheit mit Hak zu erfahren.

Wenn Hak genug Erfahrung über sich gesammelt hat, also auch seine unteren Entäußerungsformen kennengelernt hat, kehren alle Emanationsformen zu Hak zurück und werden in ihm aufgelöst. Nur Hak bleibt. Irgendwann tritt ein neuer Zyklus von Seinsformen aus Hak hervor. Nach für Menschen endlos scheinenden Zyklen hat Hak sich genug erforscht und kehrt in den Urgott zurück. Hak könnte wiederkommen, wenn der Urgott erneut Lust dazu bekäme, sich zu erforschen; aber dies kann nicht mit Gewißheit gesagt werden.

Alawitentum

Die Alawiten – Nusairier – sind eine im 9. Jahrhundert im Gebiet des heutigen Irak entstandene Religionsgemeinschaft, die zum schiitischen Islam zählt und in Syrien, im Libanon und Teilen der Türkei verbreitet ist.

Obwohl die Alawiten als Minderheit unter der mehrheitlich sunnitischen Bevölkerung in Syrien eine Randstellung haben, gelang es ihnen durch ihre zahlenmäßig hohe Präsenz in der Armee – wegen ihrer bäuerlichen Existenz mangelte es ihnen am Geld, um sich vom Militärdienst freizukaufen – Einfluß im Staat zu gewinnen. Mit der

Baath-Partei bekamen sie 1963 politisches Gewicht, 1971 wurde der Alawite Hafiz al-Assad Staatschef.

In Syrien, dessen Regierung als Diktatur eingestuft ist, genießt die Bevölkerung ein hohes Maß an schulischer Bildung und medizinischer Versorgung; die Frauen sind gleichberechtigt und es herrscht religiöse Freiheit.

Die Alawiten und mit ihnen die al-Assad-Familie wurden seit anfangs von den sunnitischen Fundamentalisten abgelehnt und der Häresie bezichtigt. Aus dieser Haltung heraus haben sunnitische Extremistengruppen den aktuellen Bürgerkrieg verursacht, in dessen Verlauf sie gezielt alawitische und christliche Dörfer überfallen haben. Sehr viele Syrer, darunter auch viele friedliche Sunniten, flüchten derzeit vor dem Terror nach Europa, während das syrische Militär bemüht ist, den Bürgerkrieg zu beenden und die Ordnung wiederherzustellen. Einstige gemäßigte Oppositionelle sind jetzt der Meinung, daß Baschar al-Assad Staatschef bleiben soll.

Im Alawitentum ist die zentrale religiöse Gestalt nicht Mohammed, sondern dessen Vetter und Schwiegersohn Ali, als Manifestation des höchsten, namenlosen Gottes, des Urewigen. Er hat sich nach dem Sturz der Lichtseelen verborgen und erscheint seinen Geschöpfen in wechselnder Gestalt siebenmal wieder, einmal in jedem Himmel. Um ihn in seinen Erscheinungen zu erkennen, hat Ali die Seelen in die Gewänder der Wiedergeburt gehüllt. Die Reinkarnation ist somit fester Bestandteil der alawitischen Glaubenslehre. Darin gibt es zwei Arten der Reinkarnation: `masuchiya´ – die Wiedergeburt von Nichtgläubigen in Tiere – und `nasuchiya´ – die Höherentwicklung der Gläubigen im Laufe der Inkarnationen zu Lichtwesen.

Die alawitische Gemeinschaft besteht aus einer Allgemeinheit – amma – von Uneingeweihten und einer religiösen Elite – chassa – von Eingeweihten.

Es ist nicht möglich, zum Alawitentum zu konvertieren, das als Geheimreligion gilt.

Alawitische Gelehrte geben an, daß in den geistigen Lehren wesentlicher Einfluß durch den Sufismus stattgefunden hat. Glaubensverwandtschaft besteht auch zum Alevitentum.

Drusentum

Die Drusen sind eine im 11. Jahrhundert in Ägypten entstandene Religionsgemeinschaft, deren Angehörige in heutiger Zeit im Libanon, in Jordanien, in Syrien und in Israel als staatlich akzeptierte Minderheiten zumeist in Bergregionen leben.

In Syrien erlangten sie durch ihre zahlenmäßig hohe Präsenz in der Armee zusammen mit den Alawiten in den 1960er Jahren durch die Baath-Partei politische Macht, wurden jedoch von dieser durch die Alawiten verdrängt.

Das Drusentum ist aus dem Ismailitentum, einer Glaubensrichtung des Schiitentums, entstanden und verband sich mit Elementen der Lehren des Platonismus und Neoplatonismus, so daß das Drusentum vielmehr eine eigenständige Religion ist, anstatt eine islamische Glaubensart. Es besteht eine eigene Auslegung des Koran. Die meisten drusischen Frauen tragen keine Kopftücher und Moscheen gibt es in den Drusengebieten normalerweise nicht.

Wichtiger Bestandteil der drusischen Religion ist der Glauben an die Reinkarnation und an weitere parallele Welten. Die Seele des Menschen wandert nach dem leiblichen Tod sofort in einen neugeborenen Menschen. Die Wiederverkörperung in Tiere und andere Wesen ist nicht möglich. Die Seele soll im Laufe der Wiedergeburten die Vollkommenheit anstreben, bei deren Erlangen sie eine Einheit eingeht mit al-Hakim – Gott.

Die Lebensverhältnisse, in die ein Mensch hineingeboren wird, sind von Gott oder einem höheren Wesen vorherbestimmt. Die Menschen wurden aus bestimmtem Grund auf die verschiedenen Religionen verteilt. Diesen Grund zu verstehen, sollte vom Menschen allerdings nicht angestrebt werden. Der Mensch soll sich mit der Reinigung seiner Seele beschäftigen, um eine höhere Daseinsebene zu erreichen. Auf dem Weg zu diesem Ziel kann er im Laufe der Wiedergeburten viele Rollen innehaben und verschiedene Situationen erleben.

Die Drusen akzeptieren alle Religionen und sind deshalb nicht bestrebt, Andersgläubige zu bekehren, auch kann niemand freiwillig zum Drusentum konvertieren. Nur die Kinder drusischer Eltern werden Drusen. Ihre Anzahl bleibt, wie es ihre Lehre vorschreibt, stets gleich; nur in der Anfangszeit ihrer Religion haben die Drusen Missionierung betrieben.

Die Glaubensgemeinschaft ist in Eingeweihte und Unwissende unterteilt. Die eingeweihten Frauen und Männer bewahren die Religion und ihre Geheimnisse.

Einzelheiten und Riten im Drusentum sind Außenstehenden nicht bekannt.

Eine religiöse Verwandtschaft zwischen dem Drusentum und dem Sufismus ist denkbar.

Jesidentum

Die Jesiden – auch Yeziden – sind eine ursprünglich in den kurdischen Verbreitungsgebieten des Irak, Syriens und der Türkei beheimatete religiöse Minderheit.

Die Entstehung des Jesidentums wird von jesidischen Gelehrten weit in die vorchristliche Antike datiert. Die ersten schriftlichen Zeugnisse stammen aus dem 12. Jahrhundert nach Christus. Durch die Jahrhunderte hinweg waren die Jesiden Unterdrückung und phasenweise offener Bekämpfung im Osmanischen Reich und Vertreibungen im Irak ausgesetzt, weshalb viele Jesiden ausgewandert sind.

Aktuell ist die Lage der Jesiden im Irak durch den islamistischen Terror besonders arg, weshalb viele von ihnen nach Europa und Nordamerika geflüchtet sind oder sich in Bürgerwehren formiert und den Kampf aufgenommen haben.

Das Jesidentum ist eine eigenständige Religion, die Elemente des Gnostizismus, des Manichäismus, des Mandäismus und des orientalischen Christentums übernommen hat.

Im Jesidentum besteht der Glauben an einen personellen Gott und sieben Engel, deren für die Jesiden wichtigster Melek Tau – der Engel Pfau – heißt.

Die jesidische Gesellschaft ist in drei Kasten aufgeteilt: die Scheiche, die Pire (Älteren) und die Muridun (Laien). Für Außenstehende ist es nicht möglich, zum Jesidentum zu konvertieren. Scheiche und Pire sind die Geistlichen, die neben dem Mir (Fürst, Prinz), dem Oberhaupt der Jesiden, und den Priesterinnen und Priestern von Lalisch, dem wichtigsten jesidischen Heiligtum, die Religion bewahren, Führungsfunktionen haben und fürsorglich in der Gemeinschaft wirken. Die Muridun bilden die größte Kaste, die aus mehreren Stämmen besteht.

Einer der wichtigsten religiösen Bräuche ist für jeden Jugendlichen die Wahl eines Jenseitsbruders oder einer Jenseitsschwester aus einer Scheichfamilie. Diese Verbindung bleibt für das ganze Leben bestehen. Die Jenseitsgeschwister nehmen positiven Einfluß auf das Leben ihrer irdischen Geschwister, begleiten diese bei deren Tod auf dem Weg zu ihrer neuen Bestimmung, übernehmen moralische Mitverantwortung im Jenseits und verbinden sich auch in deren nächsten irdischen Leben wieder mit denselben Geschwistern. Im Jesidentum besteht der Glauben an die Reinkarnation. Die Wiedergeburt ergibt sich in Konsequenz zur vorherigen Lebensweise.

Der jesidische Glauben ist auch in den weiteren geistigen Inhalten, vor allem in seinem Verständnis von der Beziehung zwischen Gott und Mensch, verwandt mit dem Sufismus.

Sikhismus

Der Sikhismus ist eine im 15. Jahrhundert im Punjab in Nordwest-Indien von dem Wanderprediger Guru Nanak Dev begründete Religion. Die Sikhs stellen die viertgrößte Religionsgemeinschaft in Indien und sind auch in Nordamerika und Westeuropa verbreitet. Im Sikhismus, der häufig irrtümlich dem Hinduismus oder dem Islam zugeordnet wird, sind Frauen und Männer gleichgestellt.

Im Laufe der Geschichte wurden die Sikhs während der muslimischen Mogulherrschaft unterdrückt, von anderen regionalen Machthabern und islamischen Invasoren bekämpft. Die Sikhs jedoch setzten sich gegen politische und religiöse Aggression zur Wehr, bildeten Streitkräfte und führten mit wechselndem Ausgang mehrere Kriege. Sie eroberten den Punjab und hatten damit ein eigenes Reich. Im 19. Jahrhundert wurden sie von den Briten besiegt, die den Punjab als letzten unabhängigen Staat in Indien ihrem Weltreich einverleibten. Nach der Unabhängigkeit Indiens 1947 spaltete sich Pakistan ab und der Punjab wurde geteilt. Die Sikhs im pakistanischen Teil mußten in den indischen Teil umsiedeln. Wegen ihrer Autonomiebestrebungen standen die Sikhs lange Zeit in Konflikt mit der indischen Regierung, der oft gewalttätige Auseinandersetzungen zur Folge hatte, nach deren heftigster Eskalation in den 1980er Jahren viele Sikhs emigrierten. In den 1990er Jahren stabilisierte sich die Lage im Punjab wieder. Die Sikh-Partei Akali Dal wechselt sich als demokratisch gewählte Partei im Punjab regelmäßig mit der Kongreßpartei ab. 2004 wurde Manmohan Singh als erster Sikh zum indischen Premierminister ernannt.

Guru Nanak Dev kritisierte hinduistische Traditionen; das Kastensystem lehnte er ab, er hinterfragte religiöse Schriften und Dogmen. Stattdessen legte er Wert auf die Anwendung der Weisheit im Alltag.

Als am wichtigsten gelten den Sikhs eine tugendhafte Lebensführung, das Bemühen um die Beseitigung sozialer Ungerechtigkeit und die lebenslange spirituelle Entwicklung. Rituale, Pilgerfahrten, Mantras und spezielle Yoga- und Meditationstechniken werden als weniger wichtig eingestuft, Asketentum und Priestertum sogar abgelehnt, weil dem Menschen das Potenzial innewohnt, das Göttliche in sich selbst zu erkennen und im Alltag mit anderen Menschen und in der Natur zu erfahren.

In sikhistischer Vorstellung ist Gott formlos und im unermeßlichen Universum transzendent, immanent, omnipräsent – über allem, in allem, allgegenwärtig. Das Göttliche wohnt der Schöpfung inne, deren Wille sich in den Naturgesetzen äußert; die Natur ist heilig.

Die Seele kann verschiedene Lebensformen annehmen, bis sie als Mensch wiedergeboren wird. Ziel als Mensch ist es, aus dem leidvollen Kreislauf der Wiedergeburten auszusteigen durch die Erlangung vollkommener Erleuchtung und die Einswerdung der Seele mit Gott.

Durch das Naturgesetz von Ursache und Wirkung haben Gedanken, Worte und Taten Konsequenzen. Es gilt, Egoismus und das Hängen an Vergnügungen und Materiellem zu überwinden. Durch ein erwachtes und aufgeklärtes Bewußtsein, durch das die Trennung von allem Seienden als Illusion erkannt und die schöpferische Einheit erlebt wird, ist innerer Frieden – auch `Mukti´ = Erlösung – erreichbar.

Ein erwachtes Bewußtsein wird erreicht durch das Nutzen von Urweisheiten, die dem Menschen potenziell innewohnen. Dieser Entwicklungsprozeß zeigt sich in einer ganzheitlichen Lebensführung, immerwährender Verbundenheit mit der Schöpfung, innerer Zufriedenheit und menschlicher Optimierung. Diese Lebensweise wird auch als Meditation bezeichnet.

8. Kapitel

Hinduismus

Hinduismus ist die Sammelbezeichnung für eine Vielzahl von Religionen, die in mehreren Regionen Indiens zu unterschiedlichen Zeiten entstanden, die bis ins zweite vorchristliche Jahrtausend zurückreichen. Die bedeutendsten sind: Shaktismus, Shivaismus und Vishnuismus, die sich jeweils noch mehrfach unterteilen. Es bestehen Vorstellungen von vielen Gottheiten, einer höchsten personellen Gottheit und der Schöpfergottenergie. Zudem besteht mit der Indischen Volksreligion, der die Mehrheit der Hindus anhängt, eine nicht spezielle Richtung, deren Schwerpunkte der Ahnenkult und die Abwendung von Gefahren durch die Verehrung meist regionaler Gottheiten sind.

Es gibt Leitvorstellungen, die allen oder zumindest den meisten Glaubensrichtungen gemeinsam sind.

Die Welt befindet sich in einem steten Wandel ewigen Entstehens und Vergehens. In regelmäßigen Zyklen geht sie unter und entsteht neu. Insgesamt gibt es keinen Anfang und kein Ende. Dieser ewige Kreislauf heißt `Samsara´ (= sich herumbewegen). Wahrscheinlich ist diese Vorstellung durch Naturbeobachtungen begründet: die stete Wiederholung der Tageszeiten, der Jahreszeiten, der Gezeiten und des Sternenhimmels. Alle Lebewesen sind in diesen Kreislauf eingebunden und unterliegen dem Gesetz von Ursache und Wirkung, genannt `Karma´ (= Tat, Werk). Jede Tat hat Ursachen, die ihr vorausgehen und Wirkungen, die sich aus ihr ergeben. Diese Wirkungen sind gleichzeitig neue Ursachen. Der Mensch ist das Ergebnis seiner Taten, die in seiner Seele wie in einem Speicher gesammelt werden. Diese Gesetzmäßigkeit gilt über das gegenwärtige Leben hinaus, welches die Folge des vorangegangenen Lebens ist. Davon, wie ein Mensch sein Leben führt, hängt es ab, welche Bedingungen er im nächsten vorfindet, das heißt, in welchem Zustand Leib und Seele sind und von welcher Art die Lebensumstände. Entscheidend ist die erreichte geistige Verfassung zum Zeitpunkt des Todes; diese behält der Mensch bei der nächsten Geburt bei. Auch wenn die Bedingungen damit vorgegeben sind, gibt es kein unabänderliches Schicksal. Im Rahmen seiner Möglichkeiten hat der Mensch freie Willensentscheidung und kann sich beispielsweise für Erkenntnis und Ehrfurcht entscheiden oder für Unwissenheit und Ichsucht.

Vom Karma hängt es auch ab, in welcher Kaste ein Hindu wiedergeboren wird. Es bestehen vier klassische Stände: Priester (Brahmanen), Adlige und Krieger, Bauern und Handwerker, Arbeiter und Diener. Jeder dieser Stände ist in zahlreiche Kasten unterteilt. Vermählungen sind traditionell nur innerhalb einer Kaste erlaubt. Es ist nicht möglich, innerhalb eines Lebens die Kaste zu wechseln. Unterhalb dieser Stände gibt es noch die Unberührbaren, auch Kastenlose genannt, obwohl sie trotzdem in Kasten unterteilt sind. Sie werden allgemein gemieden und verrichten die als am niedrigsten geltenden Arbeiten. Obwohl gesetzlich inzwischen verboten, ist die Benachteiligung der Unberührbaren vielerorts noch üblich. In manchen Glaubensrichtungen jedoch, wie dem Krishna-Kult, wird das Kastenwesen gänzlich abgelehnt. Es gab auch schon

Reformbewegungen für die Gleichstellung, deren Erfolg aber nicht sehr groß war. Millionen von Kastenlosen sind zum Buddhismus konvertiert. In der Regel akzeptieren die Hindus, die zum großen Teil durch ihre Kastenzugehörigkeit in Armut oder Elend leben, ihr Los gleichmütig, denn sie sind sich bewußt, daß sie selbst die Schuld aus vorherigen Leben daran tragen. Und sie haben die Gewißheit, bei anständiger und sittsamer Lebensweise in einer höheren Kaste wiedergeboren zu werden. Bei nicht wenigen aber ist diese Einstellung auch Grund für Passivität und Resignation. Die Angehörigen der oberen Stände dagegen dürfen sich ruhigen Gewissens ihres angenehmen oder reichen Lebens erfreuen, denn es ist der Verdienst aus ihren vorherigen Leben.

Die Ungleichheit der Lebensbedingungen der Menschen soll durch die Lehre auf gerechte Weise erklärt sein, Mitleid für die Elenden ist darin nur bedingt enthalten. Jeder erfährt in seinem Leben die Konsequenzen des Tuns aus seinem vergangenen Leben. Die ethische Qualität des menschlichen Lebens ist bestimmend für die Qualität der Wiedergeburt.

Im Konträr dazu gelten Frauen als Menschen zweiter Klasse. Die junge Frau wird traditionell von ihrer Familie verheiratet und hat ihrem Ehemann und dessen Sippe dienbar zu sein und Söhne zu gebären. Töchter sind unerwünscht, vor allem weil deren Verheiraten eine hohe Mitgift erfordert. Deshalb ist es in ländlichen Gegenden noch üblich, neugeborene Mädchen zu töten. In Großstädten sind entsprechende Abtreibungen häufig. Häusliche Gewalt gegen Frauen ist in Indien normal. Vergewaltigung ist erst vor wenigen Jahren unter Strafe gestellt worden. In ländlichen Gegenden ist es auch noch üblich, Witwen zu vertreiben.

Nicht überall in Indien ist der Status der Frau gering. Beim Volk der Bishnoi, das mit 300.000 Angehörigen in der nordwestlich gelegenen Tharwüste lebt, sind Frauen und Männer gleichgestellt, die für ihre natürliche Schönheit bekannten Frauen sogar eher dominant. Die Bishnoi ernähren sich aus Liebe zu den Tieren strikt vegetarisch und die Frauen sind dafür bekannt, mit Wilderern, die in ihr Territorium eindringen, hart umzuspringen.

Wenn ein Lebewesen stirbt, löst sich sein stofflicher Leib auf; die fünf Elemente: Erde, Wasser, Feuer, Luft und Äther trennen sich. Die Seele verläßt den Leib mit dem geistigen Quantum und geht durch Geburt in einen anderen Leib ein.

In einem Gesetzbuch aus dem vierten Jahrhundert, das dem Weisheitslehrer Yajnavalkya zugeschrieben wird, ist beschrieben, wie sich die Taten eines Menschen auf seine Wiedergeburt auswirken:

---

134 Wer auf die Güter anderer sinnt, wer auf schlechte Taten denkt, und wer der Unwahrheit nachhängt, der wird von einer Mutter der niedrigsten Kaste geboren.

137 Wer den Geist kennt, rein und maßvoll ist, Buße übt, die Sinne zügelt, Tugend ausübt, die Kenntnis der Veden besitzt, dieser mit der Qualität der Wahrheit Begabte wird als Gott geboren.

138 Wer an nicht guter Tätigkeit Freude hat, unbeständig ist, vieles beginnt, an den sinnlichen Gegenständen hängt, dieser mit der Qualität der Leidenschaften Begabte wird als Mensch wiedergeboren.

139 Der schläfrige, grausam handelnde, gierige, Gott leugnende, bettelnde, unbesonnene, verbotenem Lebenswandel Ergebene, dieser mit der Qualität der Finsternis Begabte wird als Tier wiedergeboren.

Nach dem Tode ist es möglich, daß die Seele ein Zwischenstadium durchläuft. Dabei hält sich die Seele für eine bestimmte Dauer in einem Himmel oder in einer Hölle auf. Oder sie gerät in ein unangenehmes Zwischenreich, aus dem sie nur durch Opfer der Lebenden befreit werden kann.

Aus dem endlosen Kreislauf von Wiedergeburten auszusteigen, ist möglich, indem kein Karma mehr angesammelt wird. Deshalb versuchen die Asketen (Yogis und Sadhus) sich von Begierden loszulösen und jegliches Handeln, das eine karmische Konsequenz hat, zu vermeiden. Dadurch, durch strenge Enthaltsamkeit, Praktizierung bestimmter Rituale, Meditation, Güte gegenüber den Mitmenschen und die Wanderschaft erreichen sie letztlich das höchste Ziel: `Moksha´ – die Erlösung – durch die sie ins Nirwana eingehen und sich mit dem `Brahman´ – dem absoluten Urgrund – vereinigen.

Die wenigsten Hindus aber haben die Möglichkeit und die Bereitschaft, schon in jungen Jahren als wandernde Asketen zu leben. Der Großteil der Bevölkerung ist bemüht, im gewöhnlichen täglichen Leben positives Karma anzusammeln, um im Laufe der Wiedergeburten im Kastensystem emporzusteigen, um so schließlich die höchste Stufe als Brahmane zu erreichen und als solcher direkt die Erlösung anzustreben.

Die Lehren zeigen drei spezielle Wege auf, um die Erlösung zu erlangen:

1. Der Weg der Erkenntnis – dabei geht es nicht um Bildung oder Schlauheit, sondern um die absolute Erkenntnis des Seins. Dies ist nur durch einen langen Prozeß geistiger Konzentration und Askese möglich. Maßgabe ist, alle Wesen in seinem Selbst und sein Selbst in allen Wesen zu erkennen. Dann offenbart sich das Eine und Absolute – Brahman.

2. Der Weg des Handelns ist einfacher. Erkenntnis ist hier auch das Ziel, kann jedoch durch gute Werke vorbereitet oder ersetzt werden. Gebete, Opfergaben, Mantras, das Schmücken von Götterbildern, Tempelbesuche und Wallfahrten beeinflussen das Karma positiv und tragen zur Erlösung bei. Auch Einsatz und Hilfe für die Mitmenschen sind als gute Werke in der Lehre anerkannt.

3. Der Weg der Gottesliebe gilt als der beste. Er erfordert die stetige Erfüllung des Herzens von der Liebe zu Gott – Krishna.

Wenn die Seele – Atman – die Erlösung erlangt, vereinigt sie sich mit dem Brahman und geht in ihm auf. Der Brahman ist die Quelle allen Seins, das schöpferische Prinzip, die alles durchströmende Energie.

Nach einer anderen Hauptlehre bleiben Persönlichkeit und Bewußtsein des Menschen erhalten, so daß er die unbeschreiblichen Freuden der Erlösung erleben kann. Das Absolute und die Seele sind sich nahe, ohne völlig ineinander aufzugehen. Die Seele hat auf ewig die Anschauung Brahmans.

9. Kapitel

Buddhismus

Der historische Buddha (ca. 560-480 v. Chr.) wurde als Prinz Siddhartha Gautama in einem Königreich in Nordindien geboren. Seinen Eltern wurde prophezeit, daß er entweder ein großer König oder ein großer geistiger Führer werde. Sein Vater wollte, daß Siddhartha ihm als König nachfolgt und versuchte, alles Unerfreuliche von ihm fernzuhalten. Der Prinz lebte im Luxus des königlichen Palastes, war vortrefflich in den Wettkämpfen und heiratete mit 16 Jahren seine Base. Drei Jahre darauf bekamen sie einen Sohn. Der König war zufrieden. Siddhartha hatte jedoch schon als Knabe Naturbeobachtungen angestellt und sich nach dem Sinn der Existenz gefragt. Seine Geistigkeit war offenbar. Im Alter von 29 Jahren machte er vier Ausritte in die Stadt, die entscheidende Bedeutung für ihn hatten. Beim ersten Ausritt sah er einen Kranken, beim zweiten einen Alten und beim dritten einen Toten. Dadurch wurde ihm die Vergänglichkeit der Erscheinungsformen bewußt. Als er schließlich beim vierten Ausritt einen Wandermönch sah und von dessen Absicht erfuhr, sich aus dem leidvollen Daseinskreislauf zu befreien, beschloß er, sich auf die Suche zu machen nach dem Grund für die Leiden und nach der Befreiung davon. Er verließ seine Familie, ließ seinen Besitz zurück und zog durch das Land. Er schloß sich einigen spirituellen Lehrern an und übte sich in Meditation. Weil er die Antworten auf seine Fragen nicht fand, zog er nach einer Weile weiter. Er glaubte nun, durch strengste Selbstkasteiung zur Erkenntnis zu gelangen. Nach einigen Jahren erkannte er jedoch, daß dies nicht der richtige Weg war und beendete das extreme Asketentum. Im Alter von 35 Jahren setzte er sich unter einen Bodhi-Baum, fest entschlossen, so lange zu meditieren, bis ihm die Erkenntnis zuteil würde. So erlangte er die Erleuchtung. Er kehrte kurzzeitig zu seiner Familie zurück, die seine Lehre annahm, und alle erlangten noch in diesem Leben die Erleuchtung. Siddhartha, zum Buddha geworden, zog 45 Jahre bis zu seinem Tod durch die Lande und lehrte alle, die zu ihm kamen. Er richtete seine Lehre auf die jeweiligen Veranlagungen und Neigungen der Menschen aus und bot mehrere Übungswege an, die alle das gleiche Ziel haben.

Im Kern hat seine Lehre zwei Bestandteile:

Die Vier Wahrheiten
1. Das Leiden
2. Das Entstehen des Leidens
3. Die Aufhebung des Leidens
4. Der zur Aufhebung des Leidens führende Weg

Der Achtfache Pfad
1. Vollkommene Einstellung
2. Vollkommene Entschlossenheit
3. Vollkommene Rede
4. Vollkommenes Handeln
5. Vollkommener Lebensunterhalt
6. Vollkommene Anstrengung
7. Vollkommene Achtsamkeit
8. Vollkommene Versenkung

Die Lehre Buddhas vermischte sich in den Ländern, die er bereiste, mit den dortigen Bräuchen. Seine Anhänger verbreiteten seine Lehre zusätzlich weiter. Es sind mehrere Richtungen entstanden. Die zwei Hauptrichtungen sind der Theravada-Buddhismus im südostasiatischen Raum und der Mahayana-Buddhismus in den Himalaya-Ländern und in China, Korea und Japan.

In Tibet vermischte sich der Buddhismus mit dem einheimischen Götterglauben sowie mit Geisterkulten und Zauberpraktiken. Der tibetische Buddhismus wird auch als Lamaismus bezeichnet (Lama = Mönch). Geistiges und ehemals weltliches Oberhaupt ist der Dalai Lama, der seit langer Zeit schon als solcher wiedergeboren wird.

Sinn und Zweck des Lebens als Mensch ist in den buddhistischen Lehren die Entwicklung von Liebe und Mitgefühl allen empfindenden Lebewesen gegenüber, natürlich auch sich selbst. Dazu führt die Erkenntnis, daß alle empfindenden Lebewesen, egal auf welcher Bewußtseinsstufe sie sich befinden, den Wunsch glücklich zu sein, gemeinsam haben. Sich von Begierden und Anhaftungen zu befreien, ist wichtig, um wirklich glücklich zu sein. Damit ist aber nicht gemeint, ein asketisches Leben führen zu müssen, ohne menschliche Bindungen zu pflegen, sondern sein Glück nicht abhängig zu machen von materiellem Besitz und Vergnügungen sowie davon, daß andere Menschen die eigenen Erwartungen erfüllen. Gutes zu bewirken und Schlechtes zu unterlassen sind Hauptaufgaben im Leben als Mensch. Dazu ist die Kontrolle der Gedanken, Worte und Taten unerläßlich. Die Meditation ist dabei ein wesentliches Mittel, um Ausgeglichenheit, Gelassenheit und innere Kraft zu entwickeln und Erkenntnis zu erlangen.

Der Name `Buddha´ bedeutet `der Erleuchtete´ und bezeichnet einen Bewußtseinszustand. Diesen haben schon viele Menschen erlangt und sind Buddhas geworden. In jedem Menschen wohnt die Buddhanatur; diese voll zu entwickeln, ist das Hauptlebensziel.

Jedes empfindende Lebewesen wird wiedergeboren, solange sein Bewußtsein unter dem Einfluß von Unwissenheit und belastendem Handeln steht. Geist und Körper sind während des Lebens miteinander verbunden. Nach dem Tode trennen sie sich und der Geist sucht sich einen anderen Körper. Eine Wiedergeburt ist in jeder der folgenden Lebensformen möglich: denen der Hölle, als hungrige Geister, als Tiere, als Menschen, als Halbgötter und als Götter. Die Wesen werden so lange im zyklischen Kreislauf wiedergeboren, bis sie den Zustand der Befreiung erlangt haben. Jedes empfindende Lebewesen hat eine unendliche Anzahl von Wiedergeburten hinter sich, wobei es mit jedem anderen Wesen schon einmal Kontakt hatte, und sein Bewußtsein wird unendlich fortdauern. Dies wird als Bewußtseinsstrom bezeichnet, der weder Anfang noch Ende hat.

Das Karma setzt sich aus Gedanken, Worten und Taten zusammen und hinterläßt seine Keime und Spuren im Bewußtseinsstrom eines Wesens. So entsteht dessen Erfahrungswelt. Das Karma beeinflußt Persönlichkeit, Charakter, Begabungen und Gewohnheiten eines Menschen, um diesen als Beispiel zu nehmen. Das Karma hat Einfluß auf die Umgebung, in die ein Mensch hineingeboren wird, mit welchen Menschen er zusammentrifft und welches Verhältnis er zu ihnen hat. Die Qualität der Wiedergeburt entscheidet sich nicht nach der Summe des gesamten vergangenen Karmas, sondern nach dem gegenwärtigen Zustand zum Zeitpunkt des Todes. Ein Wesen kann sofort nach seinem Tod in einem anderen Körper wiedergeboren werden oder spätestens nach einer Zeit von 49 Tagen im Zwischenzustand. Das ist von den Umständen abhängig. Die Wesen im Zwischenzustand haben feine Körper, die nicht in Materie gehüllt sind, aber schon Ähnlichkeit mit der künftigen Verkörperung haben. Aufgrund der zunehmenden Weltbevölkerung werden vermehrt Tiere und Wesen aus anderen Welten als Menschen auf der Erde wiedergeboren. Im Buddhismus besteht der Glaube, daß es auch an anderen Orten im Universum Leben gibt.

Nach buddhistischer Auffassung gibt es keinen universellen Geist, also keinen Schöpfergott. Die Bewußtseinsströme der empfindenden Lebewesen machen die eigentliche Schöpferkraft aus, indem sie maßgebend sind für das Prinzip von Ursache und Wirkung. Empfindende Lebewesen, die aufgrund negativen Karmas im Elend leben, sind selbst dafür in ihren Vorleben zeichnend gewesen. Sie deshalb sich selbst zu überlassen und ihnen nicht zu helfen, ist jedoch falsch, weil das Beweisen von Liebe und Mitgefühl wichtig ist für positives Karma derjenigen empfindenden Lebewesen, die Hilfe leisten können und daher auch sollen. Um in seinem gegenwärtigen Leben ein positives Karma zu erzeugen, ist es für einen Menschen nicht wichtig, seine Vorleben zu kennen. Ein solches, durch Rückführungen gewonnenes Wissen, kann sogar eher störend sein, wenn Neugier die Triebfeder war. Es kommt für einen Menschen darauf an, daß er sich auf sein gegenwärtiges Leben konzentriert.

Menschen und Halbgöttern sowie Göttern, die in einer höheren Sphäre leben, ist es möglich, zu Buddhas zu werden. Dazu gilt es, durch Gewinnung von Erkenntnis die Unwissenheit aufzuheben und sich von Anhaftung und Begierde zu befreien. Liebe und Mitgefühl allen empfindenden Lebewesen gegenüber müssen entwickelt werden. Nur positives Karma darf erzeugt werden. Dann ist das Ziel nahe: die Erleuchtung und der durch diese erreichte Ausstieg aus dem Kreislauf der Wiedergeburten. Der neugewordene Buddha kann sich für das `Nirwana´ – den Zustand andauernder Glückseligkeit – entscheiden, oder er reinkarniert freiwillig, um als erleuchteter Meister Gutes für die empfindenden Lebewesen zu bewirken und sie anzuleiten auf ihrem Weg zur Glückseligkeit.

10. Kapitel

Taoismus

Die Natur ist von großer Bedeutung im Taoismus – eigentlich Daoismus. Das `Dao´ ist der Urgrund alles Seienden, aus ihm ist das Universum entstanden. Alle Wesen und Dinge im Universum werden von der Lebensenergie Qi durchströmt und befinden sich in steter Wandlung. Yin und Yang bezeichnen die Polarität der Qualitäten dieser Lebensenergie, beispielsweise: weich und hart, kühl und warm. Yin und Yang werden allerdings nicht als gegensätzlich, sondern als zusammengehörig verstanden. Alle Wesen und Dinge im Universum unterliegen dem Prozeß von Werden und Vergehen. Das Ziel aller Daoisten ist es, zum Dao zurückzukehren und in ihm aufzugehen. Dazu muß die Unsterblichkeit erlangt werden, zu der mehrere Wege führen, wie etwa Methoden der Lebenspflege, Rezitation heiliger Texte und Meditation. Viele Daoisten haben sich dafür in die Abgeschiedenheit der Berge zurückgezogen und befolgen den Grundsatz: Tun im Nichttun.

In der Vergangenheit bestand der Glaube an die körperliche Unsterblichkeit, die besonders durch bestimmte Elixiere herbeigeführt werden sollte. Als Voraussetzung galt, durch eine gesunde Lebensweise Langlebigkeit zu erreichen. Im Laufe der Zeit setzte sich allerdings die Erkenntnis durch, daß die Unsterblichkeit innerer Natur ist.

Der Daoismus hat die erfolgreichen und weltweit bekanntgewordenen Gesundheitspraktiken Tai-Chi Chuan, Qigong und Akupunktur sowie die Harmonielehre Feng Shui hervorgebracht.

Der Daoismus kennt eine Vielzahl von Göttern, welche die Himmel, die Erde – besonders die Berge – und sogar die Menschen selbst bewohnen. Die Götter erfüllen Schutzfunktionen unterschiedlicher Art für die Menschen. Manche Götter pendeln zwischen Himmel und Wohnorten in den menschlichen Körpern. Dabei überwachen sie alle Taten der einzelnen Menschen, die sie in Register eintragen, und ziehen Konsequenzen, indem sie Belohnungen und Bestrafungen erteilen.

Als Begründer des Daoismus gilt Laotse (Laozi), der etwa um 500 v. Chr. in China gelebt hat. Die Religion breitete sich im Land rasch aus und wurde von vielen Kaisern gefördert, während der Tang-Dynastie (618-907) sogar zur Staatsreligion erhoben. Im Laufe der Zeit entstanden mehrere Hauptrichtungen, wie der `Weg der Himmelsmeister´, die `Schule der Höchsten Klarheit´, die `Schule der Vollkommenen Wirklichkeit´ und die `Tradition des Numinosen Juwels´. Dabei bestand im gesamten Daoismus Anerkennung für die beiden anderen großen Religionen im Land, Buddhismus und Konfuzianismus. Die Schule der Vollkommenen Wirklichkeit warb sogar für die Einheit aller drei Religionen. In der Tradition des Numinosen Juwels wurde die Lehre des Mahayana-Buddhismus übernommen und der daoistischen Lehre angeglichen. Stand im Daoismus die persönliche Vervollkommnung an erster Stelle, kam nun die buddhistische Vorstellung, das universelle Heil habe Vorrang vor dem persönlichen, hinzu.

In der daoistischen Vorstellung der Wiedergeburt hat jeder Mensch 7 Körperseelen und 3 Geistseelen. Die Körperseelen sind Yin und werden der Erde zugeordnet, die Geistseelen sind Yang und werden dem Himmel zugeordnet. Nach dem Tode trennen sich beide Seelengruppen und kehren in ihre Heimaten zurück, die Geistseelen in einen der Himmel und die Körperseelen in die Unterwelt. Dies ist allerdings nur von begrenzter Dauer, solange die Unsterblichkeit nicht erlangt ist. Die Seelen werden auf der Erde wiedervereint, als Folge schlechten Karmas. Erlangt ein Mensch hingegen die Vollkommenheit, werden seine Körperseelen unsterblich und mit den Geistseelen zusammen in einem der Himmel wiedergeboren, was die Erlösung bedeutet. Dies kann ein Mensch durch gute Taten oder auch mit Hilfe eines Priesters erreichen.

11. Kapitel

Die Aborigines

Die Kultur der Ureinwohner Australiens gilt als die älteste der Menschheit. Die Überlieferungen ihres spirituellen Glaubens, von dem viele Aborigines heute noch geprägt sind, reichen zurück bis in prähistorische Zeiten. Forscher vermuten, daß die Aborigines seit 50.000 oder sogar 100.000 Jahren in Australien leben.

Von den englischen Kolonialisten und Missionaren als kultur- und religionslose Wilde verkannt, wurden sie im 18. und 19. Jahrhundert ihres Landes beraubt und zum großen Teil ausgerottet. Erst in der zweiten Hälfte des 20. Jahrhunderts begann ein anerkennender und nach europäischem Maßstab würdevoller Umgang mit den Aborigines. Das Interesse für ihre Kultur nahm zu.

Die Aborigines lebten in Stammesverbänden und zogen als Nomaden durch das Land. Dabei lebten sie im Einklang mit der Natur. Ihre vermeintliche Primitivität war in Wahrheit Genügsamkeit. Sie kannten keine Besitzgier und führten keine Kriege untereinander. Sie verstanden sich als Hüter des Landes, welches ihnen von den Schöpferischen Ahnen aus der Traumzeit überlassen worden war. Die Funktionsweise des menschlichen Unterbewußtseins haben die Aborigines schon früh verstanden.

Ihre Schamanen besaßen den Berichten zufolge übernatürliche Fähigkeiten, wirkten als Heiler und nahmen als Bewahrer der Traditionen rituelle Handlungen vor.

Vor allem durch Totems war für die Aborigines ihre Verbindung zu den Schöpferischen Ahnen aus der Traumzeit gewährleistet. Dabei hatte jede Person ihr individuelles, jede Gemeinschaft und jeder Stamm ein gemeinsames Totem. Als Totems fungierten gewöhnlich Tiere, Pflanzen oder Naturphänomene, Elemente und Gestirne. So wurden die spirituelle Identität des Einzelnen und das Zusammengehörigkeitsgefühl in den Gruppen gefördert. Hinzu kamen bei einigen Stämmen, vor allem in Zentralaustralien, Tjurungas, auch Churingas, genannte ovale Hölzer oder Steine, die als heilige Gegenstände die transzendente totemistische Identität und Zugehörigkeit symbolisierten. Schamanismus und Totemismus werden auch in heutiger Zeit von einigen Aborigines praktiziert.

Bedingt durch die Vielzahl der Volksstämme, die es einst gab, bestehen bei den Aborigines viele Schöpfungsmythen. Übereinstimmend ist die Vorstellung, daß die Welt stets schon da war und in der Traumzeit – als Vorzeit zu verstehen – Schöpferwesen, die Ähnlichkeiten mit Menschen, Tieren oder auch als Mischwesen mit beiden hatten, die Natur und die Lebewesen erschufen.

In den Überlieferungen der Aborigines ist die Entstehung menschlichen Lebens nur durch die Dualität von materieller und spiritueller Schöpfung gewährleistet. Zu den biologischen Abläufen von Zeugung und Empfängnis ist der Einfluß der Eltern auf die Schöpfung der geistig-seelischen Substanz des neuen Menschen unter Einbeziehung eines Totems erforderlich, um eine Schwangerschaft herbeizuführen.

Bestimmte Quellen, Wasserlöcher, Teiche und Seen gelten als Fruchtbarkeitszentren, in denen die mythischen

Wesen aus der Traumzeit die Substanzen neuer menschlicher Wesen hinterlassen haben. Diese werden als Geistkinder bezeichnet und sind von immaterieller Natur. Ihren künftigen Eltern kündigen sich die Geistkinder in Träumen und ans Übersinnliche grenzenden Erlebnissen an. Jeder neugeborene Mensch entspringt der schöpferischen Kraft, die in den Fruchtbarkeitszentren gebündelt ist und hat somit seinen Ursprung in der Traumzeit.

Von einigen Volksstämmen, wie den Murngin in Nordost-Arnhemland und den Aranda in Zentralaustralien, ist der Glaube überliefert, daß die spirituelle Substanz eines Lebewesens bei dessen Tod in das Fruchtbarkeitszentrum, dem sie entsprang, zurückkehrt und dort auf ihre Wiedergeburt wartet.

Die neue Generation entsteht aus der alten verstorbenen Generation. Dabei bleibt die Menge der Geistkinder in den Fruchtbarkeitszentren in der Regel gleich.

In den Überlieferungen der Aborigines wird zwischen zwei Seelenteilen unterschieden, die als `spirit´ und `ghost´ ins Englische übersetzt worden sind. Der ghost verbleibt in der Umgebung des Verstorbenen. Weil er möglicherweise Unheil unter den Hinterbliebenen anrichtet, muß er von ihnen durch bestimmte Bestattungs- und Trauerrituale in die richtige Richtung im Jenseits geleitet werden. Der spirit begibt sich zurück in das Fruchtbarkeitszentrum, dem er entsprungen ist.

Von dem Volksstamm der Murngin sind die überlieferten Vorstellungen von den Seelenteilen, der Wiedergeburt und dem Jenseits genauer erklärt.

Die Mokoy-Seele ist der mit dem irdischen verhaftete Teil der Seele. Durch die Verbindung zu Verwandten und Freunden, ihrem Wohnort und ihrem Besitz kann sie sich nur schwer von ihrer Persönlichkeit loslösen. Oft haftet sie sich an die Seele eines Hinterbliebenen, so daß diese sich nicht aus der emotionalen Abhängigkeit des Verstorbenen befreien kann. Die Mokoy wird auch Schatten genannt und als negativer Wesensteil verstanden. Sie muß durch machtvolle Rituale vertrieben werden.

Die Birrimbirr-Seele besteht weiter und verbindet sich wieder mit dem Geist und der Macht des Schöpferischen Ahnen – dem Totemwesen, aus dem ihre geistige Existenz in der Traumzeit hervorgegangen ist. Dies ist jedoch kein endgültiger Zustand. So wie das physische Leben nicht ewig dauert, ist auch der Zustand nach dem Tode nicht ewig andauernd. Der Tod ist die Verschiebung des Bewußtseinszentrums eines Menschen in die metaphysische Ebene – den Urgrund der physikalischen Welt.

Im Unterschied zu buddhistischen und hinduistischen Glaubensidealen halten die Murngin einen ewigen Verbleib in dem Urgrund, also eine dauerhafte Verbindung mit dem Großen Geist der Schöpferischen Ahnen, nicht für erstrebenswert. Für sie ist die Birrimbirr eine Wanderseele, die sich immer wieder auf der Erde verkörpert. Dabei ist ihr die Wiedergeburt in vielerlei Gestalt möglich: als Tier oder Pflanze, als Fels, Fluß oder auch als Naturphänomen. Alles in der Natur hat den gleichen Wert und die gleiche Existenzberechtigung.

Vielleicht wird die Birrimbirr auf ihrer Wanderung auch irgendwann als Mensch wiedergeboren, dann, wenn sich ein kleines Geistteilchen von dem Großen Geist der Schöpferischen Ahnen löst und als Geistkind in den Schoß einer Frau gelangt.

12. Kapitel

Die Maya

Die Hochkultur der Maya in Mittelamerika war in Stadt-
staaten aufgegliedert und durch eine Vielzahl religiöser
Riten geprägt, die ihren monumentalen Ausdruck in den
Pyramiden fanden. Durch Dekadenz, eine lang andauern-
de Dürre und kriegerische Konflikte untereinander stellte
sich ein Niedergang ihrer Zivilisation ein, noch bevor die
spanischen Eroberer ankamen. Im Gegensatz zu anderen
Hochkulturen Mittel- und Südamerikas wurde den Maya
ihre Eigenständigkeit von den Spaniern zum Teil gelas-
sen, weil eine komplette militärische Unterwerfung aus
verschiedenen Gründen mißlang – einer davon war, daß
die spanische Militärpräsenz in Yucatan von vornherein
nicht hoch war und noch dazu viele Soldaten eigen-
mächtig ins zu dieser Zeit unterworfene Peru zogen, ge-
lockt von dem Mythos um das Goldland El Dorado. Im
Zuge der Christianisierung wurden dann die meisten
schriftlichen Zeugnisse zerstört, jedoch blieben von vier
Maya-Codices – Bilderhandschriften – Teile erhalten.

Der Religionswissenschaftler Paul Arnold hat die Schrift
der Maya entziffert und stellt in seinem Werk `Das Toten-
buch der Maya´ Kosmologie, Götterwelt sowie Jenseits-
und Wiedergeburtslehre vor, wie sie in der Mayakultur
während ihrer Blütezeit, die bis ins neunte Jahrhundert
dauerte, Glaubensbestandteile waren.

In der Vorstellung der Maya oblag die Organisation des Kosmos einem höchsten Gott, der sich in die Tiefe des Himmels zurückgezogen und die Regierung dem Gott Ahau übertragen hatte. Unter dessen Führung standen neun Götter, die sich um die irdischen Angelegenheiten kümmerten. `Ceiba´ – der Baum des Ursprungs – wurzelte auf der Erde und wuchs bis in den höchsten Himmel. Die `Bacab´ – vier Atlanten als Vertreter der Himmelsrichtungen – stützten den Himmel, der aus neun übereinanderliegenden Ebenen bestand. Die Erde war ein Quadrat, dessen Seiten den Himmelsrichtungen angepaßt waren und jeweils eine bestimmte Farbe hatten. Das Zentrum war ein fünfter farbiger Ort.

Nach dem Glauben der Maya war das Leben für Mensch, Tier und Pflanze nur eine Etappe in einer unendlichen Reihe von Wiedergeburten und der Tod bloß eine Schwelle zu einer anderen Daseinsform. Das irdische Leben galt den Maya als Segen. Streben die Buddhisten die Befreiung aus dem Kreislauf der Wiedergeburten an, bemühten sich die Maya entgegengerichtet um eine Fortsetzung der Wiedergeburten. Dabei unterstützte der `Chilam´ – der Totengeleiter – der im Bild eines Jaguars dargestellt wurde, den Toten und half ihm auf dem Weg in einen Mutterschoß. Der Priester konnte die Seele vom Tod bis zur Wiedergeburt durch Rituale und Beschwörungen begleiten. Dabei hatte die Seele drei Stadien zu durchlaufen: Nachdem er die Schwelle des Todes überschritten hat, gelangt der Verstorbene im ersten Stadium nach und nach zu einem immer höheren Bewußtseinszustand. Dabei bewegt er sich noch in der sogenannten sublunaren Welt auf zeitlicher Ebene und unter den Einflüssen himmlischer und irdischer Mächte. Im zweiten Stadium erfährt der Tote unter den Einflüssen dieser Mächte vollkommene Läuterung und geht in die Sphäre des Vorhimmels ein. Er legt die menschliche Gestalt ab, die sein Auge – in geistiger Weise zu verstehen – umgeben hat. Dieses bekommt darauf eine neue Hülle. Im dritten und letzten Stadium wird die Seele nach weiteren himmlischen und irdischen Einflußnahmen ihres Gedächtnisses entledigt und schließlich in den Schoß einer befruchteten Frau eingebracht. Die Wiedergeburt (maya: caput-cux) ist vollzogen.

Paul Arnold stellt in seinem Buch einen Zusammenhang her zwischen der Mayakultur und der altchinesischen Kultur. Er weist anhand vieler Beispiele nach, daß die Schriftsprachen beider Kulturen eng miteinander verwandt sind. Zudem stellt er die Übereinstimmung in Kosmologie und Götterglauben fest. Er schließt daraus auf einen gemeinsamen Ursprung oder kulturelle Kontakte beider Völker.

13. Kapitel

Die Inuit

Im Glauben der Inuit der arktischen Regionen Nordamerikas gab es zwei abstrakte Vorstellungen von Seelenwanderung.

Die eine basierte auf der Namensgebung, welcher besondere Bedeutung zukam. In Namen steckten bestimmte Kräfte, die sich auf diejenigen übertrugen, die sie bekamen. So wurden Kindern vorwiegend die Namen verstorbener Verwandter gegeben, damit sich deren Persönlichkeiten und Fähigkeiten auf die Kinder übertrugen. Ein verstorbener Verwandter lebte gewissermaßen im Kind, das seinen Namen trug, weiter. Dabei konnten Jungen und Mädchen die gleichen Namen tragen. Es kam auch vor, daß Eltern ihre Kinder mit `Mutter´ oder `Großvater´ anredeten, wenn sie deren Namen trugen. Der Respekt für den verstorbenen Namensträger wurde auf den gegenwärtigen übertragen. Dagegen herrschte Angst vor unvergebenen Namen. Wenn ein Mensch starb und kein neugeborenes Kind in der Familie war, dem der Name hätte gegeben werden können, durfte er, um Unheil zu vermeiden, nicht ausgesprochen werden. Das konnte das tägliche Leben komplizieren, denn die Namen von Menschen und die Bezeichnungen für Haushaltsgegenstände waren oft gleich. Umständliche Umschreibungen mußten dann von allen Familienmitgliedern benutzt werden.

Nach einer Geschichte der Yupik Ostalaskas wurde nach dem Tod eines Mädchens ein Kind in der Familie geboren, welches den Namen des Mädchens bekam. Das verstorbene Mädchen kehrte als Geist aus dem Totenreich zurück und nahm unbemerkt an jedem Fest teil, bei dem das Neugeborene Geschenke erhielt. Als das Mädchen aber einmal gegen eine der Regeln für die Reise von der einen Welt zur anderen verstieß, weil sie über einen umgestürzten Baum fiel, befand sie sich kurz darauf wieder in ihrem Körper in ihrem Dorf. Alle waren über ihre Wiederkehr erstaunt, zumal sie sämtliche Anoraks trug, die dem Neugeborenen geschenkt worden waren. Das kleine Kind wurde daraufhin krank und starb. Der Name wollte nur einen Träger, und dieser war nun wieder das Mädchen.

Die andere Vorstellung der Inuit von Seelenwanderung hing mit der Tradition zusammen, daß eine Alte, die ihren nahenden Tod wähnte, allein in die Eiswüste zog und dort auf einen Eisbären wartete, um von ihm aufgefressen zu werden. Die Seele der Alten übertrug sich dann auf den Eisbären und von diesem auf den Sohn der Alten, sobald er den Eisbären auf der Jagd tötete.

14. Kapitel

Die Indianer Nordamerikas

Das Bewußtsein über die Verbundenheit mit der Natur war im Glauben aller Indianervölker Nordamerikas maßgeblich. Der Große Geist ist der Schöpfer des Weltalls und wurde als Vater verehrt. Die Erde wurde als Mutter verehrt, die alles Lebendige auf ihr ernährt. Die Vorstellung, wie sich die Schöpfung vollzogen hat, war bei den Indianervölkern unterschiedlich; jedoch wurde diesen Schöpfungsgeschichten keine zu große Bedeutung beigemessen. Im Vordergrund standen Mensch und Natur. Gemeinsam war auch die Vorstellung, daß alles Lebendige miteinander in Bezug steht und von geistigem Wesen ist.

Den Indianern galten die Tiere als heilig, deshalb wurde ihnen mit Respekt begegnet. Die Jagd auf Tiere diente nur zum Lebenserhalt. Im Glauben der Indianer nahm der Geist eines Tieres den Tod seines Körpers nicht übel, wenn der Mensch Respekt zeigte, das heißt in Ritualen der gesamten Tierart huldigte und bei der Jagd saubere, scharfe Waffen verwendete sowie den toten Tierkörper geschickt zerteilte und alles von diesem sinnvoll verwertet wurde. Dann war der Tiergeist bereit, seinen Körper im nächsten Leben wieder, günstigsten Falles demselben Jäger, als Jagdbeute zur Verfügung zu stellen. Vor einem respektlosen Jäger hingegen konnte der Tiergeist seine Artgenossen warnen, so daß sie jenen mieden. Der Tiergeist hatte auch die Macht, einen Jäger mit Krankheit zu strafen oder sein Leben zu gefährden. Die Geister von Tieren ließen sich von ehrlichen Menschen als Schutzgeister anwerben und zu Heilungen und Selbstverwandlungen anrufen. Diese Hilfe nutzten vor allem die Schamanen. Bei einigen Indianervölkern gab es Medizinbünde, die gemeinsam Heilungen vornahmen.

Bei den Huronen, die in den nordöstlichen Waldgebieten lebten, gab es mehrere solcher Bünde, von denen jeder auf die Heilung einer anderen Krankheit spezialisiert war. In den Geheimbünden wurden rituell die Tötung und anschließende Wiedergeburt der Mitglieder dargestellt, um sie mit der Macht des Heilens auszustatten. Ihre eigentliche spirituelle Ausbildung allerdings erhielten die Schamanen während einer Zeit der Einsamkeit in der Natur beim Fasten und dem Erleben von Geistervisionen und Seelenflügen.

In den Mythen der nordamerikanischen Indianer folgt auf das irdische Leben ein Dasein in den `Ewigen Jagdgründen´ – dem Jenseits. Dort treffen die Geister der Menschen, die im Leben miteinander verbunden waren, wieder zusammen. Der Aufenthalt dort ist, vielen Überlieferungen zufolge, von begrenzter Dauer; die Geister der Verstorbenen werden in neuen Körpern auf der Erde ihrer Ahnen wiedergeboren. Das gleiche gilt für die Tiere.

In der Überlieferung der Hopi, Zuni und Tewa, die im Südwesten Nordamerikas lebten, reisen die Toten zu einem Ort – meist ein Dorf unter der Erde oder tief unten im Meer – wo sie sich in Form von Naturerscheinungen, etwa Wolken oder Blitzen, die ihrem Leben entsprechen, aufhalten in Gemeinschaft mit den ihnen im Leben verbundenen Geistern. Die `Kachinas´ – die unsterblichen göttlichen Geister – leisten ihnen Gesellschaft. Manche menschlichen Geister besuchen ein Kachina-Geistertanz-haus oder die `Wenima´ – eine herrliche Landschaft im Jenseits. Der Glaube der Hopi beinhaltet eine Urteilsfäl-lung nach dem Tode. Am Eingang zur Unterwelt im Grand Canyon trifft der Atemkörper des Verstorbenen auf den Wächter Tobonaka. Die guten Geister dürfen weiter-ziehen ins Totenland, die schlechten Geister müssen einen verzweigten Pfad weitergehen, der zu vier Feuergruben führt. Können die Geister in der ersten Grube gereinigt werden, dürfen sie auf den Pfad der Guten zurückkehren. Die unverbesserlich Bösen werden spätestens in der vier-ten Grube verbrannt.

Vielen Jenseitsvorstellungen zufolge besteht die Möglich-keit für die Seelen, zu irgendeinem günstigen Zeitpunkt auf der Erde wiedergeboren zu werden.

Smohalla, der Gründer des `Dreamer-Kultes´ – einer In-dianerbewegung im 19. Jahrhundert an der Nordwestküste – sagte:

„Ich will, daß mein Volk mit mir hierbleibt. Alle toten Menschen werden ins Leben zurückkehren. Ihre Seelen werden wieder in ihren Körpern sein. Wir müssen hier in der Heimat unserer Väter warten, um sie an der Brust der Mutter treffen zu können."

15. Kapitel

Die Kelten

Die keltischen Völker beherrschten über mehrere Jahrhunderte weite Teile Europas, bevor die Römer die Vormacht übernahmen. Sie wurden als kriegerische Kultur wegen ihrer Verwegenheit und Wildheit gefürchtet und zugleich für ihre fortschrittliche Landwirtschaft, ihren blühenden Handel und ihre hohe Kunstfertigkeit geachtet. Die Kelten waren von Spiritualität erfüllt, glaubten an viele Gottheiten, insbesondere eine höchste Schöpfergottenergie, und heiligten die Natur in besonderer Weise.

Die Seele galt als unsterblich. Nach alten keltischen Lehren, insbesondere der gälischen Lehre vom `Heiligen Kessel´ der Göttin Brigit, gibt es für jede Seele eine Ordnung des Kommens und des Gehens. Die Lebenserfahrungen sind Etappen auf der Reise in die Sommerlande (gälisch: Tir-na-nÓg), auch das Land der ewigen Geburten, der Himmel. Dort werden von den Göttinnen und Göttern alle Lebensgeschichten gesammelt und die nächsten Reisen, also Inkarnationen, beschlossen. Im Spirit, das heißt im Geist, in der geistigen Welt, hält die Seele in einem Zustand der Offenheit und Gelöstheit Schau auf ihr geführtes Leben, bevor sie von einem betörenden Klang, der aus ihr selbst entsteht, wieder in einen irdischen Lehmkörper hineingerufen wird und ihre Spiritualität vergißt. Beim Tod des Lehmkörpers wird die Seele auch von einem solchen Klang in die geistige Welt zurückgerufen. Das Ziel dieser

Inkarnationen für die Seele ist, ihre spirituelle Natur zu erkennen und zur Blüte zu bringen. Dadurch erhebt sich die Seele aus dem Zwang der irdischen Existenz.

Die Kelten haben dabei allerdings das Leben hoch geschätzt und sich nicht als Besitzer, sondern als Hüter der Erde verstanden. Die Natur mit all ihren Erscheinungsformen wurde geachtet. Die Kelten glaubten daran, daß alles beseelt ist und kannten Geister, die in den Gewässern und in den Wäldern und Bergen lebten. Die gesamte Natur war in der keltischen Vorstellung von Geistern bewohnt. Vor allem die Druiden kannten sich in der mystischen Welt und in der Natur gut aus. Sie waren als Meister aller Lebensbereiche anerkannt und hatten das Wissen vom Tod und der jenseitigen Welt.

Die Frauen waren die natürlichen Begleiterinnen bei Geburt und Tod. Sie waren den Kommenden und den Gehenden bei ihren Übergängen behilflich. Geburt und die Zeit vorher, insbesondere der Bund zwischen Mann und Frau sowie der sexuelle Akt, waren ritualisiert und von spiritueller Bedeutsamkeit. Es heißt in alten Geschichten übrigens, daß die ankommende Seele schon drei Monate vor der Empfängnis in der Aura der Mutter schwebt. Im Kreise von Helferinnen gebar die Mutter ihr Baby im Stehen und der Vater küßte es auf die Stirn, um ihm symbolisch Leben einzuhauchen. Gesänge und Segnungen fanden statt. Beim Tod war es Sitte, dem Sterbenden zuzuflüstern, sein Ego möge die Seele loslassen, damit diese den Körper verlassen könne. Ein stark auf die irdische Existenz gerichtetes Ego kann die Seele am Übergehen in die geistige Welt hindern, so daß sie auf der Welt ohne Körper festhängt und darauf angewiesen ist, von beseelten

Körpern Besitz zu ergreifen, also unterschwellig Einfluß zu nehmen, so glaubten die Kelten.

Die Seele, die im Leben stark verfehlt hat, wird nach dem Tode von dem Schlechten, für das sie verantwortlich ist, verfolgt. Sie gelangt an einen Ort der Qualen (gälisch: Áit an dorchas mór), auch Ort tiefer Dunkelheit. Manche Seele versucht diesem Ort zu entkommen und inkarniert sofort wieder auf der Erde. Dann jedoch muß sie alles von ihr verursachte Übel selbst erfahren.

Die Seele, die sich im Leben bewährt hat, aber es während ihrer irdischen Existenz noch nicht geschafft hat, sich mit dem Spirit zu vereinigen, bekommt in ihrer nächsten Inkarnation neue Aufgaben oder alte, die sie noch nicht erfüllt hat.

Die Seele, die alle Aufgaben erfüllt und die Einheit mit dem Spirit erreicht hat, wird in den Sommerlanden von geistigen Wesenheiten willkommen geheißen. Ihre eigene Liebe und die transzendente Liebe jener, die sie auf Erden geliebt hat, erwarten die Seele. Ihr Bewußtsein ist fähig, alles zu erzeugen, was sie sich wünscht. Die Seele kann nun entweder ganz in der geistigen Welt in ewiger Glückseligkeit bleiben oder freiwillig neu auf Erden inkarnieren, um anderen Seelen auf ihrem Weg zu helfen.

Anmerkung

Die alten spirituellen Lehren der Kelten wurden durch die Christianisierung verdrängt. Dennoch hat sich das Wissen der Druiden erhalten und wird von ihren Nachfolgern bewahrt.

Die Druiden als Universalgelehrte waren neben ihren Funktionen als Politiker, Richter und Priester auch Naturheilkundler, Chirurgen, Mathematiker und Astronomen. Besonders in diesen Bereichen bestanden starke Gemeinsamkeiten zu den Pythagoreern.

Daß die Druiden von ihnen beeinflußt waren, ist wahrscheinlich, da sie in der griechischen Kolonie Massalia (dem heutigen Marseille) in Gallien Gelegenheit zum Kontakt hatten.

Gemeinsam war Druiden und Pythagoreern auch der Glauben an die Metempsychose.

Gaius Julius Caesar (100-44 v. Chr.), Staatsmann und Feldherr, dokumentierte von den Völkern, die er für das Römische Reich als Verbündete gewann oder unterwarf, Sitten, Gebräuche und Glaubensvorstellungen.

In seinem Buch `Bellum Gallicum´ (Gallischer Krieg) beschreibt Caesar den Wiedergeburtsglauben der Kelten Galliens mit folgenden Sätzen:

Vor allem wollen sie (die Druiden) davon überzeugen, daß die Seelen nicht vergehen, sondern nach dem Tode von einem zum anderen wandern. Sie glauben, daß vor allem diese Lehre, da sie die Todesfurcht beseitige, zur Tapferkeit ansporne. (Buch VI,14)

Anmerkung

Von den Germanen ist historisch nicht bekannt, daß der Reinkarnationsglauben Bestandteil ihrer Religion war.

Allerdings haben dem Germanenvolk der Chatten im heutigen Hessen auch keltische Stämme angehört. Es ist also möglich, daß dort auch bei germanischen Stämmen der Reinkarnationsglauben bestand.

Zudem gab es in weiteren Gebieten, in denen der germanische und der keltische Kulturraum ineinander übergingen, Mischvölker.

Die Anwendung von Ethik und Logik
zusammen ergibt Wahrheitserkenntnis
oder zumindest Wahrheitsahnung.

Darius Reinehr

Teil II

Eigene Gedanken

16. Kapitel

Ursprünge und Verbreitungen
der Lehren und Mythen

Ist die Erfindung des Rads nur der Verdienst eines Menschen an einem Ort gewesen, die sich dann auf der Welt verbreitet hat, oder haben mehrere Menschen unabhängig voneinander an verschiedenen Orten dieselbe Idee gehabt?

Die Fragen nach unserer Herkunft, dem Sinn unserer Existenz und dem, was uns nach dem Tode erwartet, haben sich zweifellos Menschen aller Kulturen überall auf der Welt gestellt. Die Antworten sind teilweise fast gleich, teilweise sehr unterschiedlich. Die Vorstellung, daß die Seele nicht nur ein Leben auf der Erde verbringt, bestand schon im Altertum bei vielen Völkern.

Bei den Kelten, Hellenen, Israeliten, orientalischen Volksgruppen, Indern, den Völkern des Himalaya, Ost- und Südostasiens, den Aborigines, Maya, Inuit und den nordamerikanischen Indianern war und ist die Vorstellung von der Wiedergeburt Bestandteil ihrer Glaubenslehren und Mythen.

Inwieweit fanden gegenseitige Beeinflussungen der Völker statt? In Europa bestand kultureller Austausch zwischen den griechischen Staaten, italischen und keltischen Volksstämmen. Die griechischen Staaten hatten durch ihre östlichen Mittelmeerkolonien auch Kontakt zum Volk der Israeliten. Die Existenz einer antiken israelitischen Siedlung in Nordindien beweist die kulturelle Beziehung zwischen Juden und Hindus. Zudem war ein Teil Nordindiens griechische Kolonie; der dortige Buddhismus ist vom Hellenismus stark beeinflußt worden, umgekehrt sind buddhistische Schriften nach Griechenland gesandt worden. Das keltische Volk der Galater hatte einen Teil Kleinasiens besiedelt, den bis heute auch die Aleviten bewohnen. Ein Kontakt beider Kulturen ist nicht ausgeschlossen. Da die Aleviten die Gemeinschaft der christlichen Gnostiker gekannt haben sollen, ist eine weitere Beeinflussung möglich. Der Sufismus, der Ähnlichkeiten zum Kabbalismus und zum Gnostizismus aufweist, hat einige orientalische Volksgruppen beeinflußt. Aus dem jüdischen Glauben ist der christliche entstanden, aus dem hinduistischen Glauben der buddhistische, dessen Elemente vom Taoismus teilweise übernommen wurden. Mögliche und tatsächliche Beeinflussungen innerhalb Europas, zwischen Europa und Asien und innerhalb Asiens lassen sich nachvollziehen.

Innerhalb Amerikas lassen sich ebenfalls mögliche Beeinflussungen vermuten, da die nordamerikanischen Indianer im Norden mit den Inuit und im Süden mit den mittelamerikanischen Maya benachbart waren. Wie aber ist in der Antike eine kulturelle Verbindung zu Asien oder Europa vorstellbar? Die Ureinwohner Amerikas stammen von asiatischen Nomaden ab, die nach der letzten Kaltzeit über Beringia eingewandert sind, und neueren wissenschaftlichen Erkenntnissen zufolge auch von seefahrenden Polynesiern. Auf eine kulturelle Verbindung zwischen dem Volk der Maya und der altchinesischen vorbuddhistischen Gesellschaft läßt die Ähnlichkeit in den Schriftsprachen und die Übereinstimmung in den Glaubenslehren schließen. Israeliten sollen, von den Assyrern aus ihrer Heimat vertrieben und später auf der Flucht vor den Babyloniern, auf Seewegen über das Rote Meer, den Indischen Ozean und den Pazifik nach Amerika gelangt, das Land durchquert und sich im Südosten Nordamerikas angesiedelt haben. Die Cherokee berufen sich mit überzeugenden Argumenten auf ihre hebräische Abstammung. Auch die Karthager, als eines der bedeutendsten seefahrenden Völker der Antike, und die mit ihnen verbündeten keltischen Iberer sollen auf der Flucht vor den Römern über den Atlantik nach Südamerika gelangt sein und sich dort angesiedelt haben, wie neuere archäologische Funde vermuten lassen.

In Australien wanderten im späten dritten vorchristlichen Jahrtausend Menschen vom indischen Subkontinent ein und vermischten sich mit den Aborigines.

Die angestellten Überlegungen zeigen, daß sämtliche Lehren und Mythen einen gemeinsamen Ursprung haben könnten. Es ist jedoch eher wahrscheinlich, daß Menschen unabhängig voneinander an verschiedenen Orten auf der Welt gleiche oder ähnliche Ideen der Wiedergeburt hatten und nur einige Beeinflussungen stattfanden. Denn nimmt man die Idee der Wiedergeburt als wahr an, ist die Gewißheit davon in allen Menschen zumindest latent enthalten.

17. Kapitel

Zur Logik der Wiedergeburt

Daß Pythagoras, einer der bedeutendsten Mathematiker der Antike, die Idee der Wiedergeburt als wahr angenommen hat, kommt für mich einem Wahrheitsbeweis nahezu gleich. Denn durch seine Beschäftigung mit der Mathematik war er es gewohnt, logisch zu denken. Die Beweise von Sokrates und Platon zur Unsterblichkeit der Seele und zur Wiedergeburt basieren ebenfalls auf reiner Logik.

Zumindest die Unsterblichkeit der Seele ist eindeutig als wahr anzunehmen. Daß die Seele existiert, bestreitet kein vernünftiger Wissenschaftler. Daß die Seele als Energieform definierbar ist, scheint logisch. Und daß Energie unvernichtbar, also dauerhaft ist, gilt als physikalischer Grundsatz. Versuche, die Wiedergeburt wissenschaftlich zu beweisen, haben jedoch noch nicht zu eindeutigen Ergebnissen geführt. Reinkarnationsforscher überprüfen überall auf der Welt die Aussagen von Menschen, die sich an frühere Leben erinnern. Die Daten werden in speziell dafür eingerichteten Instituten gespeichert. Vor allem Kinder verblüffen mit selbstverständlicher Bewußtheit über vorherige Leben und machen präzise Angaben. Kinder, die in ihren vorherigen Leben auf unnatürliche Weise gestorben sind, weisen zudem Male auf, die auf die Todesursachen der verstorbenen Personen hinweisen, wie Untersuchungen ergeben haben. Eine Vielzahl solcher Fälle ist in den Forschungsinstituten registriert. Aber die

Möglichkeit, daß es sich dabei um sogenannte Zufälle handelt, wird nicht ausgeschlossen.

Vielleicht sollen die Wiedergeburt und ihre Gesetzmäßigkeiten, einem kosmischen Prinzip zufolge, gar nicht eindeutig wissenschaftlich bewiesen werden, weil sonst viele Menschen versuchen würden, gut zu sein aus dem einzigen Beweggrund, die Bedingungen ihres nächsten Lebens positiv zu beeinflussen oder aus Angst, ansonsten negative Folgen auf sich zu ziehen, nicht aber aus freiem Entschluß, von ehrlichem Herzen oder durch erlangte Erkenntnis. Es wäre vergleichsweise so, als wenn alle Schüler einer Schule schon ab der untersten Klasse die Lösungen der Abschlußklausuren mitgeteilt bekämen, um sie auswendig zu lernen, ohne den Inhalt zu verstehen.

Die Vorstellung, die Seele habe nur ein Leben als Mensch, widerspricht der Logik und steht intellektmäßig mit der mittelalterlichen Vorstellung, die Erde sei eine Scheibe, auf einer Stufe. An Gott zu glauben und zu meinen, die Seele habe nur ein Leben als Mensch, bevor sie entweder in Himmel oder Hölle einkehrt, ist im Prinzip eine Herabwürdigung Gottes. Denn wenn jeder Mensch nur ein Leben hätte, wäre es willkürlich von Gott zuzulassen, daß die Menschen solch unterschiedliche Startbedingungen haben. Warum werden Menschen in gute Verhältnisse geboren, andere in schlechte, wenn es ihre einzigen Leben sein sollen? Es wäre ungerecht in der Chancenverteilung. Gott aber kann nur gerecht sein, denn er repräsentiert das Urbild der Vollkommenheit. Also müssen den unterschiedlichen Startbedingungen der Menschen Ursachen vorausgehen, für die sie selbst verantwortlich sind und deren Wirkungen sich in ihren Leben zeigen. Wenn die Seelen der Menschen durch Gott entstanden sind, können sie vorher keine Verfehlungen begangen haben.

Also sind die Startbedingungen im ersten Leben für die Seelen gleich. Erst ab dann schaffen sie sich die Startbedingungen für die nächsten Leben selbst.

18. Kapitel

Religionen

Um als Mensch wahrhaft gut zu sein, bedarf es eines natürlichen vernünftigen Verständnisses von den Lebewesen und der Erde sowie von den Zusammenhängen des Ganzen im kosmischen Sinne.

Religionen sind wie Schablonen, in deren Grenzen die Gläubigen ihre Individualität zum kleinen bis zum großen Teil aufgeben. Sicher ist es gleich, ob ein natürlicher Mensch, der seine eigene Göttlichkeit erkannt hat, Gutes bewirkt oder ein religiöser Mensch, der seine Identität dem Gott, an den er glaubt, abgegeben hat. Die gute Wirkung ist in beiden Fällen erreicht. Bei Religionen besteht aber die Gefahr ihrer Falschauslegung, wodurch ein anderer religiöser Mensch Schlechtes bewirkt, im Irrglauben, Gutes zu leisten. Solche Irrtümer sind beim natürlichen Menschen ausgeschlossen. Zwar gibt es Religionen, in denen die Natürlichkeit zentrale Bedeutung hat, wie der Buddhismus, aber manche Religionen wurden und werden leider falsch ausgelegt. Und eine Religion, die einmal so, einmal anders ausgelegt werden kann, ist mißverständlich; die negativen Folgen davon sind bekannt.

Warum wird der Glauben an die Wiedergeburt von den Kirchen ignoriert oder abgelehnt?

Die Untersuchung der Geschichte des Christentums hat ergeben, daß die Wiedergeburtsvorstellung ein selbstverständlicher und wichtiger Glaubensbestandteil des frühen

Christentums war. Die paulinische und spätere katholische Kirche in ihrem Absolutheitsanspruch und Machtstreben zerstörte die christlichen Glaubensgemeinschaften, deren Lehren ihrer von Ethik und Logik weit entfernten Dogmatik nicht entsprachen und vernichtete deren schriftliche Zeugnisse oder versuchte es.

Durch die Vorstellung eines in erster Weise nur strafenden Gottes, der die sündigen Menschen, welche nicht der Kirche huldigen und Tribut zollen, in die Hölle wirft, konnte der Klerus das Volk leichter knechten. Geistige Entwicklung und freie Entfaltung wurden unterdrückt. Wer im Volk, der an die Wiedergeburt geglaubt und das Prinzip von Ursache und Wirkung verstanden hätte, würde beispielsweise von der Kirche einen Ablaßbrief für seine Sünden gekauft haben? Der Ablaßhandel der Kirche wäre eine Pleite gewesen.

Hätten anstelle des katholischen Klerus die Gnostiker, die Arianer oder die Katharer die Führung im Christentum übernommen, so wäre die christlich beeinflußte Weltgeschichte sicher anders verlaufen. Die Bevölkerungen Europas wären nicht dumm gehalten und unterdrückt worden. Die Wissenschaften wären gefördert worden. Freiheitlich-soziale Staatsformen auf spiritueller Grundlage wären etabliert worden. Es hätte keine Inquisition gegeben, die übrigens auch von der evangelischen Kirche betrieben wurde, keine im Zuge der christlich genannten Kolonialisierung begangenen Völkermorde. Die Christen würden Jesus zum Vorbild nehmen, anstatt einer von absurden Erklärungsmaximen umwobenen entrückten Idealfigur gegenüberzustehen. Das Kreuz wäre als das, was es war – nämlich ein Marter- und Hinrichtungsinstrument – kein christlich-religiöses Symbol. Stattdessen wäre vielleicht die Figur des Fisches – des geheimen

christlichen Erkennungszeichens zur Zeit der Christen-
verfolgung – das Symbol.

Altgriechisch: ΙΧΘΥΣ (I ch th y s) = Fisch
Die Buchstaben dieses Wortes stehen stellvertretend für
die Anfangsbuchstaben folgender religiösen Formel:

Ιησους   Χριστος   Θεου   Υιος   Σωτηρ

Jesus   Christus   Gottes Sohn Retter

Es würde keine Prachtkirchenbauten geben, sondern
schlichte Versammlungsstätten, wie sie des einfachen
Lebensstils Jesu gemäß wären. Und noch viel mehr wäre
wohl besser.

Heute allerdings sind die Kirchen darum bemüht, einen
guten Einfluß auf die Menschen auszuüben, auch mit dem
Ziel des Naturschutzes. Papst Franziskus ist eine Licht-
gestalt ähnlich dem Dalai Lama. Ob er an die Reinkarnation glaubt – inoffiziell versteht sich – oder nicht, ist dabei
unwesentlich. Er wirkt wahrhaft im Sinne von Jesus Christus und macht dafür seinen Einfluß weltweit geltend. Das
ist hoffnungsspendend und motivierend.

Ein Beispiel dafür, wie durch den Glauben an die Wiedergeburt disharmonische Verhältnisse innerhalb eines Volkes geschaffen werden, gibt der Hinduismus. In Indien
sind die Klassenunterschiede durch das Kastensystem traditionell begründet. Die im Elend lebenden Menschen
sind daran selbst schuld und werden sich selbst überlassen. Barmherzigkeit hat keinen hohen Stellenwert im

Glauben. Und Frauen haben überwiegend den Status als Menschen zweiter Klasse. Das ist der traurige Beweis, daß auch eine an sich gute Vorstellung, wie die von der Wiedergeburt, durch Religion in ihr Gegenteil verkehrt werden kann.

Heute ist die indische Regierung wenigstens darum bemüht, bessere Verhältnisse in der Bevölkerung zu schaffen.

Religionen können der Welt nur dann zum Segen gereichen, wenn ihren Anhängern eine Moral innewohnt, die religionenübergeordnet ist, also für alle Glaubensrichtungen gleichermaßen gültig sein kann.

Schon Buddha verlangte von seinen Schülern, seine Lehre nicht anzunehmen, ohne sie einer gewissenhaften Prüfung zu unterziehen. Und Sokrates forderte seine Anhänger auf, keine Lehre anzunehmen, ohne diese ethisch und logisch zu hinterfragen.

19. Kapitel

Weltbevölkerung

Die Elemente bilden die Lebensgrundlage auf der Erde. Die Pflanzen erfüllen dabei eine wichtige Funktion und ermöglichen tierisches Leben. Die Pflanzenfresser unter den Tieren sorgen für Regulierung im Bestand der Pflanzen. Die Raubtiere regulieren den Bestand der Beutetiere; dabei paßt sich der Bestand der Raubtiere an. In solchen Jahren, in denen mehr Beutetiere vorkommen, steigt die Geburtenrate der Raubtiere. Haben diese bald die Zahl der Beutetiere dezimiert, sinkt ihre Geburtenrate wieder. Nur der Homo sapiens vermehrt sich auf irrationale Weise, zulasten seiner selbst und der gesamten Natur.

Die Erde ist nicht so beschaffen, daß sie eine menschliche Überpopulation aushält, jedenfalls nicht, ohne daß ihre Natur überstrapaziert wird. Die Resourcen auf der Erde sind begrenzt, aber ein Teil der Menschheit ignoriert das und hält maßlosen Verbrauch. Hinzu kommt die zunehmende Weltbevölkerung. Mehr Menschen bedeuten mehr Verbrauch, also größere Umweltbelastung, Naturzerstörung und weniger Platz. Die drastischen Folgen, die so verursacht werden, könnten vermieden werden, würde die Weltbevölkerung eine bestimmte Anzahl Menschen, die an die Resourcen angepaßt ist, nicht überschreiten und gleichzeitig einen mäßigen Verbrauch halten.

Viele Menschen wissen das jedoch nicht oder verstehen die Zusammenhänge nicht.

Es ist mathematisch richtig, daß bei durchschnittlich zwei Kindern pro Elternpaar die Bevölkerungszahl konstant bleibt. Nur ist die derzeitige Weltbevölkerung schon viel zu groß. Um diese auf ein vernünftiges naturverträgliches Maß zu reduzieren, ist es sogar erforderlich, daß langfristig alle Paare im Durchschnitt nur ein Kind auf die Welt bringen.

In der Logik der Wiedergeburtsvorstellung bedeutet die zunehmende Weltbevölkerung eine Zunahme von neuen Seelen. Es ist natürlich, daß neue Seelen beginnen, als Menschen zu inkarnieren und bewährte Seelen nach mehreren Leben die Vollkommenheit erlangen und die irdische Sphäre verlassen, während ein großer Teil der Menschheit eine unterschiedliche Anzahl von Leben bereits hinter sich und eine weitere Anzahl vor sich hat. Das heißt, diese Seelen bleiben für viele Leben immer dieselben, ihre Zahl bleibt solange konstant. Durch die ungehemmte Vermehrung der Menschen vorwiegend in den ärmeren Staaten aber inkarnieren weitaus mehr Seelen erstmals als Menschen, als bewährte Seelen letztmalig exkarnieren. In der Evolution der Wiedergeburtsvorstellung waren neue menschliche Seelen vorher als Tiere oder, laut buddhistischer Lehre, auch als Wesen in anderen Welten inkarniert. Folglich haben sie, wenn sie erstmals als Menschen inkarnieren, noch keine menschlichen Erfahrungen gemacht. Die steigende Weltbevölkerungszahl bedeutet eine unverhältnismäßige Zunahme solcher Seelen als Menschen.

Deshalb bleibt tatkräftig zu hoffen, daß es den weiterentwickelten Seelen gelingt, die übrigen in ihrer Entwicklung anzuheben, um die Erde zu bewahren.

20. Kapitel

Resonanzprinzip

Das kosmische Gesetz von Ursache und Wirkung, auch Resonanzprinzip genannt, besagt, daß Gleiches Gleiches anzieht. Auf gute Gedanken, Worte und Taten folgen gute Ergebnisse. Schlechte Energien dagegen haben schlechte Konsequenzen. Diese kosmische Gesetzmäßigkeit gilt sowohl im Leben als auch über den Tod hinaus bis ins nächste Leben.

Gute Seelen, die sich bewährt haben, beeinflussen die Bedingungen ihres nächsten Lebens positiv, also ihren Körper, ihre Eigenschaften und Fähigkeiten sowie die Beziehungen zu den mit ihnen verwandten Seelen und ihre Umgebung. Ihre Lektionen im Leben ergeben sich aus dem Lernstand, der erreichten Lebensstufe. Seelen, die versäumt haben, ihnen bestimmte Lebenslektionen zu lernen, müssen dies im nächsten Leben nachholen.

Wenn Menschen plötzlich und unerwartet sterben, kann der Grund dafür sein, daß sie in ihrem Leben in eine Art seelische Sackgasse geraten sind, in der sie mit ihren Lebenslektionen nicht vorankamen und deshalb neu inkarnieren, damit sie ihren Entwicklungsprozeß besser fortsetzen können.

Schlechte Seelen, die verfehlt haben, bekommen erschwerte Bedingungen im nächsten Leben gestellt. Nach dem Resonanzprinzip werden Übeltäter als Opfer wiedergeboren, damit sie genau die Übel, die sie begangen haben, selbst erleiden. Dies ist Strafe und Lernprozeß zugleich. Wer vom Übeltäter im nächsten Leben zum Opfer wurde, wird wohl danach nicht wieder zum Übeltäter. Er wird dann im übernächsten Leben gemäßigtere Erfahrungen machen, um sich weiterzuentwickeln. Es ist auch vorstellbar, daß die Seelen von schlimmen Übeltätern in eine Sphäre der Verdammnis geraten.

Die weniger schlechten Seelen, die ihre Strafe im Leben verbüßen, sich selbst zu überlassen, weil sie selbst schuld sind an ihrem Los, ist unmoralisch. Damit solche Seelen Gutheit entwickeln können, müssen sie Gutes erfahren.

21. Kapitel

Androgynie

Der Spruch `Gegensätze ziehen sich an.´ trifft auf Magneten zu: + und − ziehen sich an. Menschen ziehen sich normalerweise genauso gegensätzlich nur in ihrer Bipolarität an als Frau und Mann. Diese Geschlechterunterscheidung beinhaltet nur Unterschiede in den Eigenschaften und Verhaltensweisen bei Menschen, deren Seelen in ihrer Entwicklung eine bestimmte Stufe noch nicht erreicht haben. Ab dieser Stufe bestehen diese Unterschiede nicht mehr. Die Unterscheidung zwischen sogenannten typisch männlichen und typisch weiblichen Eigenschaften und Verhaltensweisen trifft nicht mehr zu. Denn die reine Seele ist androgyn, also männlich und weiblich zugleich.

Um sich so weit zu entwickeln, muß die Seele gegensätzliche Erfahrungen machen und inkarniert im Laufe ihrer menschlichen Leben wechselnd als Frau und Mann, wobei die Seele auch mehrmals hintereinander die gleiche Geschlechterrolle haben kann, je nachdem wie es die zu lernenden Lebenslektionen erfordern. Sobald die Seele die Gegensätze in sich vereint hat, ist es gleich, in welchem Geschlecht sie inkarniert.

22. Kapitel

Evolution

Inkarnationen von menschlichen Seelen in ihren nächsten Leben als Tiere halte ich nicht für möglich, weil so die Lernprozesse, für die menschliche Daseinsformen erforderlich sind, nicht weitergeführt werden könnten. Daß Seelen vor ihren ersten menschlichen Leben als Tiere und davor als Pflanzen inkarnierten, ist evolutionsmäßig vorstellbar.

Die Inkarnationen unterliegen auch innerhalb der jeweiligen Daseinsformen Evolutionsprozessen. Für die menschlichen Daseinsformen heißt das, daß Seelen in ihren ersten Leben als Menschen hauptsächlich existenzielle Probleme zu bewältigen haben. Wenn sie sich moralisch bewährt haben, was bei vielen mehrere Leben dauern kann, werden sie in den nächsten Leben mit psychologischen Problemen konfrontiert, in den darauffolgenden Leben haben sie die Aufgabenstellung, mit Macht und Verantwortung oder mit Ruhm und Reichtum richtig umzugehen.

Seelen, die ihre letzten menschlichen Inkarnationen gemeistert und die Vollkommenheit erlangt haben, werden in höheren Wesensformen wiedergeboren.

23. Kapitel

Entwicklung

Was bedeutet eine vernünftige Vorstellung von der Wiedergeburt für die eigene Entwicklung, die Beziehungen und das tägliche Leben des Menschen? Die Bewußtheit darüber, daß der Sinn des Lebens darin liegt, sich moralisch zu verbessern, also die Tugenden zu entwickeln und zu festigen: Wahrhaftigkeit, Treue, Tapferkeit, Gerechtigkeit, Mäßigkeit und Besonnenheit, um die wichtigsten zu nennen und vor allem Weisheit – als Tugendhaftigkeit an sich und Anwendung der Erkenntnis. Dazu ist es erforderlich, an sich selbst zu arbeiten in Zeiten, die man dem geistigen Studium widmet, um Inspiration zu erhalten und sich Wissen anzueignen, in Zeiten, die man allein verbringt und zur Selbstreflektion nutzt, um seine Fehler zu erkennen und abzustellen, in Zeiten, in denen man seine Fähigkeiten entfaltet, gleich welcher Art, wenn sie einen guten Zweck haben.

Arbeit an sich selbst heißt nicht, seine Familie zu vernachlässigen, auch nicht, den Beruf nicht mehr gewissenhaft auszuüben. Auch wer wenig Zeit für sich selbst zur Verfügung hat, kann diese sinnvoll nutzen. Auf die Qualität kommt es dabei an, nicht auf die Quantität. Die Bewährung des Erreichten vollzieht sich sowieso im täglichen Leben. Und es gibt vielfältige Gelegenheiten, seine moralische Verbesserung zu üben und seiner Verantwortung als Einzelner gerecht zu werden.

Arbeit an sich selbst heißt nicht, ein asketisches oder eremitenhaftes Leben führen zu müssen. Manche Menschen führen nur deshalb ein solches Leben, weil sie die Vollkommenheit erlangen wollen. Dafür ziehen sie sich von dem menschlichen Miteinander zurück und leben nur für sich selbst. Die Vollkommenheit sollte jedoch nicht ihrerselbst wegen angestrebt werden. Nur die Gutheit sollte angestrebt und gelebt werden. Die Vollkommenheit ist die Folge davon und nicht der Zweck. Die Entwicklung findet dabei im Wechsel zwischen Zeiten des Alleinseins und des menschlichen Miteinanders statt.

Ein Mensch kann den Grad seiner Entwicklung messen, indem er sich selbst auf seine Tugendhaftigkeit abfragt.

Die Freude am Leben ist wichtig. Dabei sind sogenannte Kleinigkeiten nicht unbedeutend. Sich unterwegs zu freuen an zwitschernden Vögeln, die im Baum sitzen, an blühenden Blumen im Vorgarten, am Zulächeln eines entgegenkommenden Mitmenschen setzt Energie frei, die für die Seele gut ist. Das Beisammensein mit lieben Menschen, die man schätzt, ist wertvoll. Hobbys zu haben, bereichert das Leben, wenn sie nicht ausschließlich sinnloser Zerstreuung dienen. Auch in der richtigen Entspannung liegt Konzentration.

Natürlich soll die Arbeit an sich selbst auch Freude bereiten. Einen Fehler erkannt und nach langem Ringen endlich abgestellt zu haben oder bei der Entfaltung einer Fähigkeit geistiger oder körperlicher Art einen klaren Fortschritt gemacht zu haben, ist sehr erfüllend. Sich selbst zu optimieren und im Rahmen seiner Möglichkeiten Gutes zu bewirken, ist der Sinn der eigenen Entwicklung.

Leben ist Entwicklung. Die gesamte Natur zeigt das. Es ist also nicht natürlich, in seiner Entwicklung stehenzubleiben. Je weiter ein Mensch in seiner Entwicklung kommt, desto besser wird er es im nächsten Leben haben. Den Unterrichtsstoff, den man in einer Schulklasse lernt, braucht man in der nächsten nicht nachzuholen.

Jeder Mensch hat einen Funken göttlicher Energie in sich, den er entfachen soll, bis er wie von einer Flamme erfüllt ist, die ihre Wärme auf die Umgebung ausstrahlt. Das Gesamtziel der Menschheit ist die Gutheit aller Menschen, aus der ihre Vollkommenheit resultiert. Dies mag schwerlich vorstellbar sein, sollte aber als langfristig möglich in Erwägung gezogen werden.

24. Kapitel

Gesundheit

Eine vernünftige Vorstellung von der Wiedergeburt kann die Angst vor dem Tod beseitigen, Lebensbegeisterung wecken und so wesentlich zur Gesundheit oder Heilung beitragen.

`Ein gesunder Geist in einem gesunden Körper.´ – `Wie innen so außen.´ Dies ist ein kosmisches Prinzip, mit dem eigentlich schon alles in diesem Zusammenhang erklärt ist.

Gesundheit ist der natürliche Zustand des Menschen. Krankheit ist nicht normal und weist darauf hin, daß sich die Seele in einem Störungszustand befindet, den es abzustellen gilt. Die im Kapitel Entwicklung erwähnte und im Wesentlichen geschilderte Arbeit an sich selbst ist der Schlüssel zur Gesundheit.

Wunderheilungen sind möglich, was mittlerweile viele Schulmediziner bestätigt haben. Entscheidend dafür ist bei den Menschen, die Heilung erreichen wollen, die innere Wandlung – also ein Fortschritt in der Entwicklung der Seele.

Wahre Gutheit, im allumfassenden Sinne zu verstehen, macht Gesundheit selbstverständlich.

25. Kapitel

Entscheidungsfreiheit

Viele Menschen auf der Welt haben keine wirkliche Entscheidungsfreiheit, ihren Glauben zu wählen. Sie wachsen in religiösen Umfeldern auf, in denen bereits alle Entscheidungen, in bezug auf den Glauben, für sie getroffen sind. Besonders bei den monotheistischen abrahamitischen Religionen lassen die meisten Konfessionen den Menschen durch ihre starren Dogmen kaum freien geistigen Raum. Bei den fernöstlichen Religionen hingegen halten die einzelnen Glaubensrichtungen zwar auch an ihren überlieferten Lehren und Traditionen fest, erheben aber keine Absolutheitsansprüche. Sie verstehen sich jeweils als ein Weg unter mehreren. Religiöser Fanatismus besteht dort überwiegend nicht.

In Kulturkreisen, in denen Religion in den Hintergrund getreten ist, sind Atheismus und Nichtglauben unter den Menschen verbreitet. Wer glaubt, daß es keinen Gott, keine Schöpfergottenergie gibt, die Seele so wie der Körper nur aus sich miteinander verbundenen Atomen besteht, die sich beim Tod voneinander trennen und damit die ganze Existenz beendet ist oder gar die Seele auf die Gehirnfunktion reduziert, hat einen Glauben, und zwar an den im herkömmlich verstandenen Sinne wahllosen und sinnlosen Zufall, welcher sich auch als Glauben an das Nichts definieren läßt. Dies ist nicht damit zu verwechseln, nichts zu glauben.

Menschen, die nichts glauben, wollen sich für kein Glaubensmodell entscheiden, weil sie meinen, da keines eindeutig beweisbar ist, sollten sie sich kein Urteil bilden. Sie wollen sich, wenn der Zeitpunkt des Todes gekommen ist, überraschen lassen und verdrängen Gedanken darüber, was es mit Leben und Tod auf sich hat, welches Prinzip dahintersteckt. So lehnen sie einen wichtigen Teil der Verantwortung für ihr Leben ab. Das ganze Leben hängt von mehr oder weniger wichtigen Entscheidungen ab, die der Mensch täglich trifft. Sich nicht für ein Glaubensmodell zu entscheiden oder, wenn einem keines zusagt, selbst eines für sich aufzustellen, zeugt von einer gewissen Gleichgültigkeit. Wie aber kann es Menschen egal sein, was sie nach dem Tode erwartet?

Wer sich für keines der vielen bestehenden Glaubensmodelle entscheiden will, weil er keines findet, an dem er nicht mindestens einen Bestandteil anzweifelt, sollte nur die Bestandteile in seinem Glauben übernehmen, denen Ethik und Logik zugrunde liegen. Das setzt natürlich ethisches Bewußtsein und logisches Verständnis voraus, was sich beidsam entwickeln läßt durch entsprechende Lektüre, Stillehalten und Nachdenken.

Wenn ein Mensch auf diese Weise einen Glauben für sich entwickelt, der Bestandteile mehrerer philosophischen Lehren und/oder Religionen enthält, so ist dies wertvoll für sein Leben und er wird seiner Verantwortung besser gerecht.

Es kann ein Segen sein, von seiner Entscheidungsfreiheit Gebrauch zu machen.

26. Kapitel

Parallelwelten

In der Vorstellung von Naturwissenschaftlern und Philosophen existiert die Erde nicht nur einmal, sondern mehrmals oder sogar unendlich oft.

Unser Universum ist nur ein Teil in einem Multiversum, das sich immer weiter ausdehnt und in dem immer neue Universen entstehen. Es gibt Paralleluniversen, die dem unseren in ihrer Beschaffenheit exakt gleichen, so die Theorie von Kosmologen, Physikern und Philosophen. In jedem dieser Paralleluniversen existiert eine weitere Erde. Diese Varianten unserer Erde unterscheiden sich darin voneinander, daß die Geschichte jeweils einen anderen Verlauf genommen hat. Entsprechend den Möglichkeiten, die dafür vorstellbar sind, existieren weitere Erden.

Man stelle sich vor, auf einer Parallelerde wäre Alexander der Große nicht mit 32 Jahren gestorben und hätte sein Weltreich weiter ausgedehnt und die ganze damals bekannte Welt dauerhaft hellenisiert; dann hätte es möglicherweise kein Mittelalter gegeben und die Menschheit hätte sich aus der Antike direkt in eine Neuzeit entwickelt, in der, durch den hohen Stellenwert, welcher den Geisteswissenschaften zukäme, nahezu vollkommene Harmonie herrschen würde und Philosophen wie Sokrates, Platon und Aristoteles die Geschicke der Menschheit lenken würden – ein faszinierendes Gedankenspiel.

Die Vorstellung von der Wiedergeburt mit der Vorstellung von Parallelwelten kombiniert, ergibt die Möglichkeit für die irdischen Lebewesen, auf Parallelerden wiedergeboren zu werden.

Sollten sich die Lebensbedingungen auf unserer Erde durch menschlichen Einfluß weiterhin verschlimmern – Umweltzerstörung, Überbevölkerung, Artensterben und die weiteren Folgen – ist es nicht unbedingt ein angenehmer Gedanke, hier wiedergeboren zu werden, um seine Lektionen fortzusetzen. Die Meisten, die sich dauerhaft an der Misere mitschuldig machen, ob im Kleinen oder im Großen, werden freilich keine andere Wahl haben. Nur denjenigen, die sich um das Gute bemühen, bleibt es wohl vorbehalten, ihren Reifeprozeß auf einer Parallelerde zu vollenden, deren Menschheit gesamt einen besseren Entwicklungsverlauf genommen hat und die Natur intakt ist.

Allerdings stellt sich bei dieser Vorstellung die Frage, wie es sich mit den Parallelseelen verhält. Eine Seele würde logischerweise auf einer parallelen Erde auf eine parallele Seele treffen, also eine weitere Version ihrerselbst. Noch eine Frage ist, welchen Wichtigkeitsgrad ein Ereignis haben muß, damit eine neue Parallelerde entstehen kann, um eine Abweichung zu ermöglichen.

Vielleicht stimmt die Theorie von immer neu entstehenden Parallelerden entsprechend der abweichenden Geschichtsverläufe nicht. Eher wahrscheinlich ist im Universum die Existenz weiterer Planeten mit gleichen Lebensbedingungen wie auf der Erde, die von Menschen bewohnt werden, deren geschichtliche Entwicklung unabhängig von der der Erdenmenschen verläuft.

Also können irdische Seelen vielleicht auch auf erdähnlichen Planeten wiedergeboren werden.

27. Kapitel

Schwingungsfrequenzen und Schwingungsebenen

Im Vergleich zum stofflichen Körper ist die Seele stofflos oder zumindest so feinstofflich, daß sie auf direkte Weise nicht wahrnehmbar ist, weil sie auf einer höheren Frequenz schwingt. Beim Tod des Körpers bleibt dieser aufgrund seiner Grobstofflichkeit auf der niedrigeren Schwingungsebene. Die Seele begibt sich dann auf die höhere Schwingungsebene, die ihrer Schwingungsfrequenz gleicht.

Wie das Farbspektrum und die Tonleiter sind die einzelnen Schwingungsebenen und Schwingungsfrequenzen wohl vorstellbar.

Je weiter die Seele sich entwickelt hat, desto höher ist ihre Schwingungsfrequenz. Wenn die Seele vom Diesseits ins Jenseits übergeht, erreicht sie genau die ihrer Schwingungsfrequenz gleichende Schwingungsebene.

28. Kapitel

Gott

Es bestehen natürliche Zustände und Verhältnisse, die für den menschlichen Verstand nicht vorstellbar sind – so die Unendlichkeit von Raum und Zeit. Es gibt wohl eine Erklärung dafür, nur kann die Seele in ihrer menschlichen Existenz dieser nicht gewahr werden.

Die Existenz Gottes ist vorstellbar, ob in personeller Form als gütiger Übervater mit weißem Rauschebart oder als allgegenwärtige, über allem vorkommende und in allem enthaltene Energieform.

Die Vorstellung von Gott als schöpferischer kosmischer Energie, die nur in höheren feinstofflichen oder stofflosen Sphären für die Seelen direkt erlebbar ist und sich aufgrund ihrer Allmacht gewiß in einer Erscheinungsform, die ihr beliebt – also auch in menschlicher – manifestieren kann, ist wohl am ehesten zutreffend.

Die Regulierung auf der kosmischen Schule namens Erde wird durch das Resonanzprinzip gewährleistet – der Mensch erschafft seine Realität selbst. Mit der Aufsicht sind die Engel betraut.

29. Kapitel

Schutzengel

Die Vorstellung von den Engeln als personelle Wesen von menschlicher Erscheinung, die in einer höheren feinstofflichen oder stofflosen Sphäre beheimatet sind, ist wohl am ehesten zutreffend. Vielleicht waren Engel früher einmal Menschen, welche die Vollkommenheit erlangt und sich für diese Existenzform entschieden haben, oder sie waren schon immer höhere Wesenheiten.

Es gibt wahrscheinlich mehrere Aufgabenbereiche, mit denen die Engel betraut sind – einer davon ist die Gewährung von Schutz.

Ein Schutzengel ist mit der Aufsicht über einen Menschen oder möglicherweise auch eine Familie betraut. Er kann ihm Inspirationen zuteil werden lassen und das Resonanzprinzip außer Kraft setzen, wenn es für das Leben seines Schützlings sinnvoll ist.

Ein Schutzengel freut sich über Entwicklungsfortschritte seines Schützlings. Und er freut sich, wenn der ihm anvertraute Mensch Kontakt zu ihm aufnimmt, indem er liebevoll an ihn denkt, in Gedanken zu ihm spricht, um ihm Dank zu erweisen und Wünsche an ihn zu richten, deren Erfüllung Anteil am Guten und Schönen oder Beitrag dazu bedeutet.

Nach dem Tode wird die Seele im Jenseits von ihrem Schutzengel empfangen. Er ist dabei, wenn sie Rückschau auf ihr geführtes Leben hält und begleitet sie bei ihren weiteren Inkarnationen.

30. Kapitel

Diesseits und Jenseits

Die Welt ist eine kosmische Lehranstalt, in der die Seelen die Lektionen des Lebens lernen. Diese Lektionen bestehen darin, Gutheit in allen Lebensbereichen zu entwikkeln. Dazu gilt es für die Seelen, viele Entwicklungsstufen im Laufe ihrer menschlichen Inkarnationen zu erreichen. Versäumte Lektionen sind in den nächsten Leben nachzuholen. Die Seelen schaffen sich, ihren Lernerfolgen gemäß, die Bedingungen in ihren nächsten Leben selbst.

Die Zeiten zwischen ihren Inkarnationen verbringen die Seelen in einer höheren Sphäre. Dort sind sie all-eins und halten Rückschau auf ihre zuletzt abgeschlossenen Leben. Sie reflektieren ihre Erfolge und Mißerfolge. Daraus ergeben sich ihre künftigen Lebenslektionen.

Die Seelen, die sich um Gutheit bemüht haben, verbringen Ferien, in denen sich alle ihre Wünsche erfüllen. Die gescheiterten Seelen müssen nachsitzen und sich Läuterungen unterziehen. Die Dauer dieser Zeiten ist für die einzelnen Seelen unterschiedlich und richtet sich mit danach, wann eine neue Geburtskonstellation günstig ist.

Die verwandten Seelen treffen im Jenseits einander wieder und wählen gemeinsam ihre Beziehungsverhältnisse in ihren nächsten Leben. Dabei ist es möglich, daß Eltern im nächsten Leben die Kinder ihrer Kinder des vorherigen Lebens sind; aus Lebenspartnern können neue Lebenspartner oder Geschwister werden, aus Freunden

Geschwister oder Lebenspartner. Die Konstellationen sind vielfältig. Die verwandten Seelen können im Jenseits aufeinander warten, es sei denn, es bietet sich für eine Seele die erneute Inkarnation an, solange die mit ihr verwandten Seelen noch im Diesseits weilen, und zwar dann, wenn ein Elternteil stirbt und als Kind seines Kindes wiedergeboren wird. Diese Seele trifft in der Zwischenzeit im Jenseits mit den transzendenten – höheren – Seelenteilen der mit ihr verwandten Seelen zusammen. Allerdings spielt die Zeit in dieser höheren Sphäre sicher keine Rolle und ein Tag dort kann einem Jahr hier entsprechen oder ein Jahr dort einem Tag hier. Alles ist möglich in dieser höheren Sphäre.

Die tugendhaften Seelen werden dort auch mit den Seelen derjenigen historischen und bereits verstorbenen zeitgenössischen Personen zusammentreffen, deren Schaffen ihnen einen Anteil am Guten und Schönen beschert hat und besonders dann, wenn es sie inspiriert hat, einen Beitrag dazu zu leisten.

Vielleicht gibt es auch eine oder mehrere Zwischensphären, in denen die durchschnittlichen Seelen bleiben können, die ihre Entwicklung auf der Erde nicht vollendet haben und die Anstrengungen einer erneuten Inkarnation vermeiden wollen. Die Konsequenz für diese Seelen ist, daß sie ein langweiliges Dasein in einer öden Sphäre fristen. In die höhere Sphäre der Glückseligkeit können sie nicht gelangen ohne die Bewährung in der irdischen Sphäre.

Die Seelen, die wahre Gutheit erreicht haben, erlangen folglich die Vollkommenheit und dürfen wählen, ob sie erneut auf der Erde inkarnieren, als Meister der irdischen

Existenz sozusagen, um bestimmte Aufgaben zu erfüllen, oder ob sie in der höheren Sphäre bleiben in ewiger Glückseligkeit. Wahrscheinlich gibt es auch noch höhere Sphären und der Entwicklungsprozeß der vollkommenen Seelen setzt sich fort.

Energie-Satz:

Energie läßt sich weder erschaffen noch vernichten,
sondern nur von einer Art in eine andere umwandeln.

Brockhaus Lexikon

Nachtrag 1

Nahtoderfahrungen sind mit der Einsteinschen Relativitätstheorie erklärbar, so Professor Markolf H. Niemz, Physiker an der Universität Heidelberg, in seinem Buch `Lucy im Licht – Dem Jenseits auf der Spur´.

Raum und Zeit sind die Strukturen, die physikalischen Überlegungen gemäß das Diesseits vom Jenseits unterscheiden. Die einzige bekannte Kraft, die gemäß der Relativitätstheorie auch außerhalb von Raum und Zeit existieren kann, ist das Licht.

Und das Licht ist in fast allen beschriebenen Nahtoderfahrungen von größter Bedeutung. Die Menschen berichten übereinstimmend, daß sie mit extrem hoher Geschwindigkeit durch einen Tunnel getrieben und an dessen Ende auf ein gleißendes Licht zugesteuert sind.

Verblüffenderweise besagt die Relativitätstheorie, daß die Reise mit Lichtgeschwindigkeit durch einen Tunnel auf ein helles Licht zu führt, Raum und Zeit aufhören.

Die physikalisch-logische Erkenntnis daraus ist, daß die Seele bei der Nahtoderfahrung und folglich auch nach dem definitiven Tod des Körpers in eine höhere Sphäre gelangt und dort weiterexistiert.

Nachtrag 2

Im Past Lifes Archive in Charlottesville/Virginia sammeln Psychologen Fälle von Kindern, die von einem früheren Leben berichten.

Der spektakulärste Fall ist der des Ian Hedgedorn aus Pensacola/Florida. Sein Großvater war Polizist und starb bei einem Ladenüberfall durch einen Schuß ins Herz, durch den die Lungenarterie zerfetzt wurde. Kurz nach seinem Tod kam Ian zur Welt. Schon sechs Stunden nach der Geburt mußte er an der Herzklappe operiert werden, die zur Lungenarterie führt – ein Geburtsfehler, wie durch den Operationsbefund belegt ist. An genau jener Stelle wurde sein Großvater von der Kugel tödlich getroffen, wie der Autopsiebericht beweist.

Als Ian drei Jahre alt war, fing er an, in der Rolle seines Großvaters zu sprechen. Zu seiner Mutter sagte er einmal: „Als du ein kleines Mädchen warst, warst du auch oft böse, ich habe dich aber nie geschlagen." Maria Hedgedorn ist mittlerweile überzeugt von der Wiedergeburt ihres Vaters.

Tausende Berichte von Kindern weltweit über ihre früheren Leben sind wissenschaftlich dokumentiert.

Nachtrag 3

Viele Menschen verfügen bereits in ihrer frühen Kindheit über außergewöhnliche Talente, deren Voraussetzungen sie im vorherigen Leben geschaffen haben.

Emily Bear, elf Jahre, genannt: Neuer Mozart, spielt seit dem Alter von zwei Jahren auf hohem Niveau Klavier und komponiert, ohne von ihren Eltern dazu gedrängt worden zu sein. Erst mit fünf Jahren erhielt sie Klavierunterricht, gab bald darauf ihr erstes Konzert. Mit neun Jahren hatte sie schon 400 Stücke komponiert und trat in der Carnegie-Hall, der berühmtesten Konzertbühne der Welt, vor 3000 Menschen auf und wurde berühmt.

Anmerkung

Die Seele erreicht durch die von ihr während einer Inkarnation entwickelten Eigenschaften und entfalteten Fähigkeiten die ihrem Niveau gemäße Stufe. Auf dieser bleibt sie, wenn sie ihre nächste Inkarnation beginnt.

Entwickelte Eigenschaften wie Tugenden werden zu Anlagen, entfaltete Fähigkeiten wie Kunstfertigkeit werden zu Talenten.

Die Ursache aller Dinge ist der Geist.
Er bringt einen Körper hervor,
durch den er seine Wunder vollführt.
Ist der Körper zerstört,
schafft sich der Geist einen neuen Körper,
der ähnliche oder höhere Eigenschaften hat.

Paracelsus

Des Menschen Seele
Gleicht dem Wasser:
Vom Himmel kommt es,
Zum Himmel steigt es,
Und wieder nieder
Zur Erde muß es,
Ewig wechselnd.

Johann Wolfgang von Goethe

Ich glaube nicht, daß mit dem Tod alles aus ist.
Dieser wunderbare menschliche Körper,
dieses so unendlich komplizierte System,
unsere Seele, unsere Phantasie, unsere Gedanken –
alles nur ein einmaliges kurzes Erdenleben?
Nein, das glaube ich nicht.
Kein Schöpfer wäre so verschwenderisch.
Wir verlassen die Erde, aber wir kommen wieder.

Heinz Rühmann

Hinweis

Sämtliche Texte des ersten Buchteils sowie der Nachträge sind, bis auf die Zitate, mit meinen eigenen Worten formuliert. Ich habe im Aufsatzstil geschrieben, wie ich es während meiner Schulzeit gelernt habe.

Es ist eine Nacherzählung von Wissen, das ich zusammengetragen habe, dessen Herkunft im Literaturverzeichnis angegeben ist.

Die Zitate sind in horizontale Linien eingerückt. Ergänzungen und persönliche Überlegungen von mir haben jeweils die Überschrift: Anmerkung.

Vorwort und zweiter Buchteil beinhalten meine Überlegungen zu dem Thema insgesamt, die teilweise durch manche Lehren beeinflußt sind.

Literaturverzeichnis

1. Kapitel:
Lexikon der Weltreligionen, Verena Löser, Weltbild Verlagsgruppe, Augsburg 2006

2. Kapitel:
Ansichten griechischer Rituale, Zur Lehre vom Menschen in den orphischen Goldplättchen, Hans Dieter Betz, B.G. Teubner Verlag, Stuttgart und Leipzig 1998

3. Kapitel:
Pythagoras – Leben, Lehre, Nachwirkung, Christoph Riedweg, C.H. Beck Verlag, München 2002

4. Kapitel:
Platon, Michael Bordt, Herder Verlag, Freiburg im Breisgau
Phaidon, Platon, Übersetzung von Friedrich Schleiermacher, Philipp Reclam jun. Verlag, Stuttgart 1987
Der Staat, Platon, Übersetzung von Otto Apelt, Felix Meiner Verlag, Hamburg 1988

5. Kapitel:
Die Kabbala – Einführung in die jüdische Geheimlehre, Papus, Übersetzung von Julius Nestler, Fourier Verlag, Wiesbaden 1980

6. Kapitel:
Reinkarnation im Neuen Testament, James Morgan Pryse, Übersetzung von Agnes Klein, Schirner Verlag, Darmstadt 2005

Origenes – Vier Bücher – Von den Prinzipien, herausgegeben und übersetzt von Herwig Görgemanns und Heinrich Karpp, Wissenschaftliche Buchgesellschaft, Darmstadt 1976

Lexikon der Weltreligionen, Verena Löser, Weltbild Verlagsgruppe, Augsburg 2006

Kirchen- und Theologiegeschichte in Quellen – Band I –
Alte Kirche, Adolf Martin Ritter, Neukirchener Verlag,
Neukirchen-Vluyn 1977

Die Bibel – in heutigem Deutsch, Deutsche Bibelgesell-
schaft, Stuttgart 1982

Gnosis – Das Buch der verborgenen Evangelien, herausgegeben und übersetzt von Werner Hörmann, Bechter-
münz Verlag, Weltbild Verlag, Augsburg

Theologische Realenzyklopädie – Band 18, herausgegeben von Gerhard Müller, Walter de Gruyter Verlag, Berlin 1989

Die Bibel – Martin Luthers Übersetzung, Deutsche Bibel-
gesellschaft, Stuttgart 1987

Maria Magdalena – Hure oder Heilige, Regie: Martin
Kemp, N24 2009

Geheimakte Jesus, Buch und Regie: Jens-Peter Behrend,
ZDF 2008

Terra X: Der Fall Jesus – Der Galiläer im Visier der
Forschung, Buch und Regie: Renate Beyer, ZDF 2005

Jesus Christus – Geheime Mythen, Editor: Gary Meyers,
N24 2009

7. Kapitel:
Alevitische Glaubensphilosophie, Mustafa Bas, VWB-
Verlag für Wissenschaft und Bildung, Berlin 1992

Sufismus, Alawiten, Drusen, Jesiden, Sikhismus, wikipedia

8. Kapitel:
Die Weltreligionen – Hinduismus, Werner Trutwin, Patmos Verlag, Düsseldorf 1998
Das Lexikon des Hinduismus, Kurt Friedrichs, Goldmann Verlag, München 1996
Menschen die sterben um Bäume und Tiere zu retten, Hans-Jürgen Otte, Bishnoi-Verlag, Aschaffenburg 1992
Hinduismus, wikipedia
Indiens verlorene Töchter, Regie: David Muntaner, Damien Pasinetti, ARTE G.E.I.E./Les films de la tour 2013

9. Kapitel:
Buddhismus, Thubten Chodron, Herder Verlag, Freiburg im Breisgau 2003
So sprach der Buddha, Klaus-Dieter Fliegner, Hermann Bauer Verlag, Freiburg im Breisgau 1994

10. Kapitel:
Taoismus, Martina Darga, Heinrich Hugendubel Verlag, Kreuzlingen/München 2001

11. Kapitel:
Traumzeit – Die Religion der Ureinwohner Australiens, Corinna Erckenbrecht, Herder Verlag, Freiburg im Breisgau 1998
Geheimnisvolle Kultur der Traumzeit – Die Welt der Aborigines, Robert Craan, Knaur Verlag, München 2000

12. Kapitel:
Das Totenbuch der Maya, Paul Arnold, Übersetzung von Angela von Hagen, O.W. Barth Verlag/Scherz Verlag, Bern, München, Wien 1987
Maya, wikipedia

13. Kapitel:
Mythen der Menschheit: Geister der Schneefelder – Die Arktis, Tony Allan, Charles Phillips, Michael Kerrigan, Time-Life Books, Amsterdam 1999, AFR Text Edition, Hamburg

14. Kapitel:
Mythen der Menschheit: Die Indianer – Die Macht des Totems, Tom Lowenstein, Piers Vitebsky, Time-Life Books, Amsterdam 1997, AFR Text Edition, Hamburg

15. Kapitel:
Keltisches Totenbuch, Phyllida Anam-Aire, Ennsthaler Verlag, Steyr, Österreich 2006
Der gallische Krieg – Bellum Gallicum, Gaius Julius Caesar, herausgegeben von Georg Dorminger, Tusculum-Reihe, Artemis Verlag, München 1981
Die Spur der Steine: Der gallische Druide, Journalistin: Nadia Cleitman, Regie: Agnès Molia und Clémence Lutz, ARTE France 2013

Nachtrag 1:
Lucy im Licht – Dem Jenseits auf der Spur, Markolf H. Niemz, Droemer Verlag, München 2007

Nachtrag 2:
Galileo Mystery: Wiedergeburt, Buch: Tatjana Stancovic, Regie: Jan Christoph Schultchen, PRO7 2005

Nachtrag 3:
Mein unglaubliches Leben, Reporterin: Melody Sucharewicz, Recherche: Itxaso de Velasco, Buch: Bea Reinecke, Story House Productions GmbH, SAT1 2011

Warum sollte dies mein Leben ein Anfang oder Ende sein,
da doch nichts ein Anfang oder Ende ist.
Warum nicht einfach eine Fortsetzung, der unzähliges
Wesensgleiche vorangegangen ist
und unzähliges Wesensgleiche folgen wird.

Christian Morgenstern

Empfehlung

Auf meiner Internetseite www.dr-edition.de stelle ich philosophische Aufsätze und künstlerische Arbeiten von mir vor.

Die Glückskarte ist ein Geschenk für alle, die offen dafür sind.

FSC

www.fsc.org

MIX

Papier aus ver-
antwortungsvollen
Quellen

Paper from
responsible sources

FSC® C105338